# 메타버스와 저작권

METAVERSE AND COPYRIGHT

저자 **조연하**

박영사

2011년 미국에서 출간된 어니스트 클라인(Ernest Cline)의 '레디 플레이어 원(Ready Player One)'은 식량난과 경제위기로 전 세계가 현실도피에 빠진 2045년을 배경으로 한 장편 SF소설이다. 이를 원작으로 하여 2018년 스티븐 스필버그(Steven Spielberg) 감독이 제작한 같은 제목의 영화는 생생한 스토리 묘사로 흥행에 성공하였고, 책보다 더 많은 인기를 끌었다. 소설과 영화에서는 주인공이 가상현실에서 수수께끼를 풀고 모험을 펼치는데, 가상현실, 증강현실, 인공지능, 분산 컴퓨팅과 같은 기술이 일상이 되어 버린 미래 사회가 소개되고 있다. 무엇보다도 메타버스를 아주 생생하게 묘사하고 있어, 마치 예언서 같다는 평을 받기도 하였다.

몰입형 가상세계 플랫폼인 메타버스가 최근 화두이다. 메타버스는 현실과 가상이 결합한 일종의 확장된 가상세계이자 3D 가상세계 네트워크로, AI, 확장현실[1] 등과 더불어 4차산업혁명의 키워드가 되고 있다. 사실 이전에도 사이버스페이스나 버츄얼 스페이스와 같이 추상적인 가상공간이 존재했다. 그래서 메타버스를 놓고 일부에서는 온라인게임과 기타 인터넷 플랫폼의 형태로 이미 존재하는 개념이라 생각한다. 반면 일부에서는 5년, 10년 또는 15년 후에 구체화될 인터넷의 미래라고 주장한다. 블록체인과 함께 제2의 인터넷, 차세대 인터넷[2]이라고 부르는가 하면, 인터넷의 새로운 버전

---

1) VR, AR, MR(Mixed Reality) 등 모든 x-reality를 가리키는 포괄적인 개념이다.
2) 마크 저커버그(Mark Zuckerberg)는 2021년 10월에 한 연설에서, 메타버스를 '인터넷 클릭처럼 쉽게 시공간을 초월해 멀리 있는 사람과 만나고 새로운 창의적인 일을 할 수 있는 차세대 인터넷'으로 설명하면서, 상상할 수 있는 거의 모

또는 후계자라고도 부른다. 이렇게 볼 때 메타버스는 이미 존재해 온 개념으로, 하루아침에 갑자기 등장해서 잠시 스쳐 가는 단순한 트렌드가 아니라 기술발전의 영향을 받아 계속 진화하는 개념으로 접근할 필요가 있다.

　메타버스에서는 이용자 모두가 참여하여 공간을 구축하고 사상이나 감정을 표현한 콘텐츠를 창작해서 공유한다. 이용자 대부분이 콘텐츠를 창작하고 소비하기 때문에 메타버스 참여자는 자신의 창작물에 대해 저작권이 부여되는 저작자이자 동시에 타인의 저작물 이용자이기도 하다. 그러므로 메타버스 공간에서도 현실세계와 마찬가지로 저작권 문제로부터 결코 자유로울 수 없다. 특히 가상과 현실을 연결하는 메타버스의 특성이 저작권 문제를 더욱 복잡하게 만들면서 새로운 법적 쟁점을 제기할 것으로 예상된다.

　미국 연방대법원이 소니(Sony) 사건(1984)[3]에서 강조했듯이 저작권법은 처음부터 기술의 변화에 대한 대응의 역사였다. 인쇄술은 저작권법의 탄생에 추진력이 되었고, 인터넷은 저작권 제도에 도전이 될 만큼 혁신적인 기술이었다(Nanobashvili, 2022). 메타버스 기술이 인쇄술이나 인터넷 기술만큼 저작권 제도에 혁신적인 변화를 주지는 않겠지만, 디지털 기술과 비대면 일상의 신세계를 갈망하는 사람들의 요구와 맞물리며 빠르게 확산할 것으로 예측된다. 게다가 개방적 창작 공동체라는 특성을 가지는 메타버스 환경에서는 인공지능, 블록체인, NFT 등의 새로운 기술이 활용되면서 저작물의 창작과 소비 방식이 달라질 것이고 기존의 저작권 쟁점이 그대로 수용되면서 동시에 확대되고 심화될 것이므로, 아날로그 시대에 만들어진 기존의 저작권법으로 대처하기에는 한계가 있다. 따라서 전통적인 저작물 사용 공간인 오프라인 환경이나 지금까지의 온라인 공간과 차별화되는 저작권법상의 판단기준 및 해법을 모색해야 할 것이다.

---

　든 일을 메타버스에서 할 수 있다고 강조하였다.
3) Sony Corporation of America v. Universal City Studios, Inc., 464 U.S. 417, 430 (1984).

컴퓨터공학, 산업보안학, 정보통신학 등 공학 분야에서는 메타버스에 관한 활발한 논의를 바탕으로 학술자료가 비교적 많이 축적된 편이다. 그러나 메타버스에 대해 법리적으로 고찰한 학술자료는 그리 많지 않으며(이준복, 2021), 특히 저작권에 관한 연구는 아직 활발하지 않다. 메타버스라는 새로운 기술이 제기하는 저작권법적 쟁점에 관한 충분한 논의가 요구되며, 그것의 효율적인 활용과 적절한 규율이라는 양면의 조화를 도모할 수 있는 실효성 있고도 합리적인 법·제도의 발판을 마련해야 할 시점이다.

이 책은 메타버스와 관련한 저작권법의 쟁점과 그 특징을 파악하고, 저작권 문제를 해결할 수 있는 기초자료를 제공하고자 하는 취지를 가진다. 모두 4장으로 구성되는데, 먼저 1장에서는 메타버스에 대한 기본 이해를 돕기 위해 등장 배경, 개념, 특징, 기술적인 측면을 다루었고, 2장에서는 메타버스 산업과 그에 관한 정책 동향을 다루는 방식으로 현황을 살펴보았다. 이 책의 핵심인 3장에서는 메타버스 내 콘텐츠 창작과 이용에 관한 다양한 저작권 쟁점을 다루었다. 메타버스 공간에서 발생하는 콘텐츠 창작과 이용의 특성, 기존 저작물과 메타버스에서 새롭게 창작된 저작물의 저작권 침해, 메타버스 내 창작물의 저작권 보호를 다루었으며, 저작물 이용허락, 저작재산권 제한으로서 부수적 복제, 메타버스 플랫폼 사업자의 역할과 책임, 그리고 인공지능의 콘텐츠 창작과 저작권 문제를 기술하였다. 마지막으로 4장에서는 메타버스에서 저작물 유통과 저작권 관리에 사용될 수 있는 기술인 블록체인과 NFT 관련 저작권 쟁점을 검토하였다.

사실 이 책의 내용은 2023년 초에 출간된 필자의 저서 『인공지능 창작과 저작권』에서 하나의 장으로 다룰 계획이었으나, 조금 더 상세히 다루고 싶은 바람에서 별도의 얇은 책으로 출간하게 되었다. 책의 주제와 관련된 연구가 충분히 축적되지 않은 탓에 메타버스로 인해 발생하는 저작권 쟁점과 추후 논의될 사항을 제기하는 정도에 그칠 수밖에 없었지만, 이 책을 계기로 메타버스와 저작권에 관한 논의가 확장되고 관련 자료도 좀 더 풍부해

지기를 기대해 본다.

    이 순간 병상에 계신 사랑하는 아버지께 이 책을 바치고 싶다. 아버지께서는 진정한 학자란 무엇인지 본보기를 보여주셨고, 부족한 자식임에도 불구하고 하나뿐인 딸에게 늘 무한한 사랑을 베풀어주셨다.

2023년 8월의 끝자락에
이촌동 하련재(河蓮齋)에서
저자 조연하

# 목차

# CHAPTER 01

# 메타버스의 이해

# 메타버스의 이해

　메타버스(metaverse)는 1990년대 초반 등장했다가 한동안 관심에서 사라졌으나,[1] 최근 들어 실감 기술, 데이터, 인공지능(Artificial Intelligence; 이하 AI), 블록체인 등 정보통신기술(ICT)의 발달로 메타버스 구현 가능성이 커지면서 다시 주목받고 있는 미디어 기술이자 서비스이다. 특히 2021년 페이스북(Facebook)이 메타(Meta)로 브랜드명을 변경[2]한 이후, 언론의 관심이 메타버스에 더 집중되었다. 메타버스가 제기하는 저작권 쟁점을 논하기에 앞서 그것의 개념과 특징을 이해할 필요가 있는데, 이를 위해 먼저 메타버스가 등장한 배경을 살펴보는 것이 유용할 것이다.

---

1) 1990년대 말 등장해서 2000년대 인기를 끌다가 사라진 아이러브스쿨이나 싸이월드 등은 사실 메타버스의 원조라고 할 수 있다.
2) 메타는 향후 10년간 미국 항공우주국인 NASA의 일 년 예산에 해당하는 100억 불을 투자(문승혁, 2022, 518쪽)하여 인터넷의 새로운 버전으로 메타버스를 구축할 계획을 발표했다. 그 내용을 보면, 메타버스는 모바일 인터넷의 뒤를 이어 줄 매체로서, 사람들을 서로 연결해 주고 구현된 인터넷을 단순히 보는 데서 그치지 않고 몸소 체험할 수 있도록 해 주며, 심지어는 고대 로마로의 순간 이동과 같은 완전히 새로운 종류의 활동도 즐길 수 있도록 해 준다. 그리고 무엇보다도 몰입력과 실재감이 강하다(The Metaverse and How We'll Build It Together－Connect 2021, https://www.youtube.com/ watch?v=Uvufun6xer8).

## 1. 메타버스의
## 등장 배경

　메타버스라는 단어의 유래는 1992년 미국 작가인 닐 스티븐슨(Neal Stephenson)의 SF소설 '스노우 크래쉬(Snow Crash)'에서 찾아볼 수 있다. 이 소설에서는 3차원 공간에서 사람들이 다양한 소프트웨어를 사용하여 상호작용하는 허구의 가상세계를 설명하기 위해 메타버스라는 용어를 사용하였다(Zavian & Wain, 2022, p. 3). 소설 속의 메타버스는 검은 구형의 행성으로 묘사되고 있고, 그 안에는 개발 중인 폭 100m, 길이 65,536km의 중심가(The Street)가 있으며, 현실에 존재하는 물체와 가상으로 창조된 물체가 공존한다. 등장인물들은 시청각 출력장치인 고글과 이어폰을 착용하고 가상공간인 메타버스에 접속하며, 아바타(avatar)로 분신해 현실에서처럼 다양한 경제사회 활동을 펼친다. 기술이 상상과 현실을 연결하는 매개체가 되면서, 컴퓨터가 만들어 낸 3차원의 새로운 공간이 열린 것이다(박소연·문예은, 2021; 유홍식, 2022).

　2000년대 초반, 3D 가상세계인 세컨드라이프(Second Life)와 구글의 3D 지도 서비스인 구글어스(Google Earth)가 등장하면서, 3D 웹에 관한 관심이 높아졌고 사회적, 경제적 활동이 가능한 새로운 미래 공간으로서 메타버스에 대한 논의가 본격화되기 시작하였다(한상열, 2021, 20쪽). 초기 메타버스 모델인 세컨드라이프는 2003년 린든 랩(Linden Lab)이 공표하였는데, 메타버스의 원조로 부르기도 한다. 이것은 복잡한 컴퓨터게임과 디자인 및 성격이 유사한 3D 아바타 기반의 인터넷 가상세계로, "아바타"가 대리인 형태로 존재하는 영역인 시뮬레이션 세계에서 쇼핑, 데이트, 채팅, 공부는 물론이고 심지어 결혼과 같은 활동도 한다(Karniel & Bates, 2010, p. 434). 세컨드라이프는 일반적인 역할 연기 게임을 뜻하는 RPG(Role Playing Game)와 유사한 형식이지만, 가상세계 인터페이스와 이용자 창작콘텐츠인

UCC(User Created Contents) 플랫폼의 성격을 갖고 있고, 사업모델은 가상 현실(Virtual Reality; 이하 VR)의 플랫폼을 제공해서 수익을 창출하는 모델이다(정연덕, 2008, 2쪽). 이렇게 아바타를 이용하여 가상공간에서 다른 사람들과 교류하면서 아이템 판매 등을 통해 얻는 수익으로 경제활동이 가능해지면서, 세컨드라이프는 전 세계적으로 큰 주목을 받았다. 하지만 당시 가상세계에 기대했던 새로운 경험에 대한 이용자들의 욕구를 충족시켜 주지 못했고 강력한 스토리텔링이 없다는 점이 한계로 지적되었다. 게다가 사용자의 주된 디바이스가 PC에서 스마트폰 기반의 모바일로 이동하게 되었고, 온라인상에서 글, 사진, 동영상 등을 공유할 수 있는 SNS를 통해 소통하는 현상이 나타나면서, 결국 세컨드라이프는 몰락하게 된다(김광집, 2021, 16쪽). 3D 그래픽을 감당하지 못하는 당시 통신 속도가 장벽이 되어 세컨드라이프의 대중화에 걸림돌이 되었고 부족한 기술력이 진정한 메타버스를 구현하는 데 한계로 작용하면서, 결국 2010년 운영을 중단하게 된다(김승래 · 이윤환, 2021; 전준현, 2021).

메타버스를 구현한 최초의 가상공간은 MMORPG(Massively Multiplayer Online Role-Playing Game)로서, 초기에는 게임 서비스 형태가 대부분이었다. 2006년 미국에서 출시된 온라인 게임플랫폼인 로블록스(Roblox)는 사용자가 직접 제작하고 활동하는 데 초점을 두고 있다. 이것은 자유와 확산을 기반으로 가상세계에서 사용자들 간에 커뮤니티를 구성할 수 있도록 한다(정지은 · 손나연 · 김현정, 2022, 203쪽). 2010년대 들어서며 로블록스를 포함하여 수많은 RPG 게임, 로블록스, 마인크래프트 등과 같은 가상현실 게임이 대중화에 성공했다(김승래 · 이윤환, 2021, 56쪽). 초기에는 단순히 제시된 캐릭터로 접속하여 몬스터를 잡는 등 제한된 환경이었지만, 지금은 직접 아바타를 제작하고 여러 사람과 거래하면서 경제를 구축하며, 게임 접속자들과 연결하여 다양한 행위를 하면서 하나의 문화를 형성하는 것으로 발전되었다. 특히 네트워크 기술혁신과 더불어 엔터테인먼트 기업과 해외 유명 패션 브랜드의 투자가 활발해지고, IT 기술발전으로 페이스북, 인스타그램, 세컨드라이프 등 생활소통 서비스 형태의 메타버스가 운영되면서 과거의 한계를 극복하였다(박소연·문예은, 2021).

2000년대 초반과 현재의 메타버스는 융합 수준, 플랫폼의 자유도, 적용분야, 기술기반, 경제활동, 소유권 등 다양한 측면에서 차이가 있다(이승환, 2021, 38~42쪽). 초기에는 게임, 생활·소통 서비스가 독립적으로 제공되는 형태였으나, 디지털 게임 등장 이후 게임엔진 제작 플랫폼이 확산하고 2D에서 3D로 진화하면서 가상세계의 주류를 형성하였다. 또한 사용자가 초기의 PC에서 편리성과 휴대성이 특징인 모바일 기반의 SNS 서비스로 이동하는 현상도 나타났다. 기존 게임은 목표 해결, 경쟁 중심으로 진행되었으나 메타버스 게임플랫폼은 생활·소통 공간을 별도로 제공하거나 특화해서 운영하는 방식으로 자유도가 높아졌다. 적용 분야도 B2C(Business to Customer), 게임 분야 중심이었으나, B2B(Business to Business), 공공 및 사회 분야 및 B2G(Business to Government) 영역으로 확대되었다. 기술 측면에서도 초기의 PC, 2D 중심에서, 3D 기반의 PC, 모바일, HMD(Head Mount Display), 안경 등 웨어러블(Wearable) 기기들로 활용이 확대되고, D.N.A(Data, Network, AI)와 확장현실(Extended Reality; 이하 XR)기술 융합으로 서비스가 더 지능화되었다. 또 초기에는 콘텐츠가 평면적이고 정적이었으나, 직접 만든 다양한 객체를 통해 공감각적으로 체험하고 시뮬레이션하는 게 가능해졌다. 경제활동도 초기에는 공급자가 제공하는 가상자산을 구매하는 소비 형태였고 서비스 제공자의 제약하에 가상자산이 거래되었으나, 현재는 이용자 중심, 생산과 소비의 연계, 현실경제와의 연관성이 높아지면서 이용자가 급증하였고, 메타버스 내 생산 플랫폼을 활용하여 사용자가 직접 가상자산을 생산하고 이를 통해 수익을 창출하게 되었다. 이에 따라 사용자가 만든 가상자산 소유권 관리가 중요해졌다.

| 표 1-1 | 메타버스의 초기와 현재의 차이점 |

|  | 초기 | 현재 |
|---|---|---|
| 융합 수준 | 게임, 생활·소통(life communi-cation) 서비스를 독립적으로 제공 | • 디지털 게임 등장 이후, 게임이 2D에서 3D로 진화<br>• 모바일 기반의 SNS 서비스로 사용자 이동 |
| 플랫폼 자유도 | 목표 해결, 경쟁 중심으로 진행 | • 생활·소통 공간을 별도로 제공하거나 특화하는 방식으로 운영<br>• 콘텐츠 개발, 제작, 판매 |
| 적용 범위 | B2C, 게임 분야 중심 | B2B, 공공 및 사회 분야 및 B2G 영역으로 확대 |
| 기술기반 | PC, 2D 중심 | 3D 기반의 PC, 모바일, 웨어러블 기기 활용/ D.N.A＋XR 기술 융합 |
| 콘텐츠 | 평면적이고 정적 | 공감각적 체험과 시뮬레이션 가능 |
| 경제활동 | • 공급자 제공 가상자산 구매중심의 소비<br>• 서비스 제공자 제약하에 가상자산 거래 | • 사용자 중심, 생산과 소비의 연계, 현실경제와의 연관성 높아짐<br>• 사용자의 가상자산 생산과 이를 통한 수익 창출 |
| 소유권 |  | 사용자의 가상자산 소유권 관리 중요 |

*이승환, 2021, 38~42쪽 참조.

이상 메타버스의 발전과정을 정리해 보면, 게임산업을 토대로 발전한 초기 메타버스 산업은 게임, 생활과 소통 서비스를 독립적으로 제공하는 것이 특징이었으며, PC를 사용한 2D 기술 환경에서 공급자가 제공하는 아이템만 구매하는 형태였다. 그러나 최근에 와서는 게임플랫폼 내 가상공간 구현이 가능해졌고, 이용자들은 콘텐츠나 아이템을 개발하고 제작, 판매까지 하는 자유도를 부여받아 소셜네트워크 활동, 경제활동 등 다양한 활동을 할 수 있게 되었다. 또한 3D 기술을 기반으로 모바일, 웨어러블 기기 등을 이용한 환경으로 확대되었다. 즉 일방적인 서비스 제공자 중심의 환경에서 좀 더 동적이고도 상호작용적인 이용자 중심의 형태로 변화하였다.

한편 메타버스에 관한 최근의 폭발적인 관심은 단지 기술발전에서만 그 원인을 찾을 수 있는 것은 아니다. 코로나19 팬데믹이 그동안 꾸준히 진행되었던 디지털 변화를 가속화하고 심화시킴으로써 메타버스에 미친 영향력이 컸다고 볼 수 있는데,[3] 상업, 직장생활, 건강, 교육, 정부, 법원 심리, 사회적 상호작용, 기타 많은 활동이 인터넷에 더 의존하도록 만들었다 (Nanobashvili, 2022, p. 217). 메타버스가 마케팅·홍보, 부동산·건설, 정치, 행정, 기업 운영 등 다양한 분야로 확대되고 있으며, 코로나19 이후 제한되고 금지되었던 대규모 공연·행사를 메타버스 공간에서 할 수 있게 되면서 대중의 관심을 끌게 된 것이다(전민주, 2021). 영화, 드라마, 게임 등의 콘텐츠 영역에서 계속 확장되고 변용되면서 개념적으로 여전히 진화 중이다. 특히 AI 기술을 접목하여 온라인 공간이 인간의 또 다른 새로운 공간으로 재탄생할 수 있다는 점에서, 메타버스를 혁신적인 변화를 앞둔 개념으로 해석할 수 있다.

## 2. 메타버스의 개념

메타버스는 초월, 가상을 의미하는 그리스어 '메타(meta)'[4]와 우주를 의

---

3) 메타버스에 관한 실제적 관심은 2020년 1월 코로나19의 확산 이후 급증했으며, 많은 정보·통신(IT)기업, 정부, 연구자, 산업·시장 조사, 언론들이 과도하다고 표현할 수 있을 정도로 메타버스를 집중적으로 다루고 있고, 인터넷을 대체할 차세대 미디어 플랫폼으로 강조하고 있다(유홍식, 2022, 149쪽).

4) 그리스어로 'after' 또는 'beyond'를 의미하는 접두어로 사용되기도 하고, 변형이

미하는 '유니버스(universe)'를 합성한 신조어이다. 메타버스 개념에 대해서는 학술적으로나 실무적으로나 아직 통일된 정의가 존재하지 않는다. 사전적 정의를 보면, 위키피디아(Wikipedia)는 구어적인 의미로 '사회적, 경제적 연결에 초점을 맞춘 3D 가상세계의 네트워크'5)로 정의하고 있다.6) 또 메리엄 웹스터(Merriam Webster's) 사전에서 제시된 컴퓨팅 분야에서의 정의는 '다수의 개별적인 가상현실에 대한 접근성과 상호운용성(interoperability)이 허용되는 지속적인 가상환경7)'이다. 여기서 상호운용성이란 정보의 효과적인 교환과 처리를 위해 컴퓨터 소프트웨어가 서로 통신하는 능력을 의미하는 것으로, 서로 다른 시스템이 서로에게 전달하려는 정보를 '대화'하고 '이해'하도록 하는 것이 목적이다. 이런 속성은 모든 분야에서 가치가 있지만, 메타버스 구축에서 단일 소프트웨어를 사용하지 않는다는 점에서 특히 메타버스와 관련성이 크다(Goossens, Morgan, Kuru, Ji & Cespedes, 2021, p. 11). 하지만 메리엄 웹스터 사전의 'Words We're Watching' 페이지에서는 메타버스라는 단어가 너무 생소해서 완전하게 설명할 수 없다는 메모가 있고, 영미법계의 대표적인 법률 사전인 Black's Law Dictionary에도 메타버스에 관한 개념 정의가 없다(Zavian & Wain, 2022, p. 3)는 사실은 메타버스에 대한 개념 정의가 명확하게 확립되어 있지 않음을 시사한다.

  이렇게 사전적 개념 정의가 아직 정립이 안 된 상태로 메타버스에 대해 다양한 논의가 진행 중이지만, <표 1-2>에서처럼 여러 학자가 개념 정

---

나 변화를 뜻하기도 한다(Nanobashvili, 2022, p. 220).

5) 위키피디아. <https://en.wikipedia.org/wiki/Metaverse> (2023년 4월 28일 최종접속).

6) 특별히 공상과학소설(SF)에서 메타버스는 VR 및 AR 헤드셋을 장착하여 촉진되는 단일의 보편적이고 몰입도가 강한 가상세계로서의 인터넷에 대한 가상의 새로운 버전으로 통용된다. <https://en.wikipedia.org/wiki/Metaverse> (2023년 4월 28일 최종접속).

7) 메리엄 웹스터. <https://www.merriam-webster.com/dictionary/metaverse> (2023년 4월 28일 최종접속).

의를 시도했다. 메타버스의 개념 정의는 단순히 온라인게임의 진화 버전으로 해석하는 데서 출발하였다. 2000년대 중반 이후의 초기 정의들을 요약해보면, 메타버스는 현실세계와 가상세계가 결합된 혼성세계이며, 이용자를 대리하는 아바타를 매개로 한 상호 교류가 있으며, 현실세계의 정보·재화(통화)·정치·사회·문화 등과 연동되는 구조를 가진 온라인 가상공간이다. '스노우 크래쉬'에서 제시된 개념적 특징의 대부분을 포함하고 있지만, 그 구체성은 다소 낮은 것으로 평가된다(유홍식, 2022, 152쪽). 이렇게 볼 때, 초기 정의에서는 인간의 역할을 대신하는 가상의 존재인 아바타, 사회·문화적 상호활동, 가상공간이 메타버스 개념의 주요 구성요소였다. 한편 손승우(2010)는 가상세계를 "제작된 가상의 공간"으로 정의함으로써, 가상세계를 하나의 창작물로 보고 저작권법 관점에서 접근한 점이 특별히 주목된다.

이후 2020년대 초 메타버스 기술과 서비스가 더 진화되고 그에 관한 관심이 다시 높아지면서 개념을 다시 정의하는 시도들이 있었는데, 초기 정의와 비교할 때 개념적으로 확장된 것을 볼 수 있다. 새로운 정의에서는 가상공간의 상호작용에서 발전하여 가상과 현실의 상호작용 또는 연동과 공진화, 현실세계의 모방과 변형, 가치 창출과 같은 개념들이 등장한다. 현실공간에서처럼 사회경제적 활동이 가능한 3차원 가상공간이라는 의미로 사용하면서, 3차원 가상공간이라는 기존 개념에 특별히 '현실성'을 더함으로써 그 범위를 적극적으로 확장하였다. 한 마디로 가상현실에서 더 나아가 사회 경제활동까지도 가능한 구체적 가상공간을 지칭하는 개념으로 발전된 것이다(김승래·이윤환, 2021; 정완, 2022). 초기 정의에서 가상공간 또는 가상의 세계 그 자체를 강조했던 반면, 최근의 정의는 현실과 가상의 세계를 넘나드는 진화된 가상세계 플랫폼의 개념으로 확장되었는데, 특히 현실 반영, 현실과의 연결, 현실세계의 변형과 확장, 현실과 가상세계의 공진화 등을 키워드로 하고 있다.

앞에서 살펴보았듯이 메타버스의 개념은 주로 기술을 중심으로 정의되었으나, 기술이 아닌 인간 중심, 사용자 중심의 관점으로 패러다임을 전환하여 메타버스를 개념화하려는 시도도 있었다. 송원철·정동훈(2021)은 모든 커뮤니케이션 테크놀로지는 인간 커뮤니케이션을 지향한다고 보고, 메타버스를 인간 커뮤니케이션을 지향하며 현실과 비현실 경험을 즐길 수 있는 (현실보다 더 현실 같은 경험을 주는 환경인) 확장현실 공간으로 재개념화하였다. 메타버스라는 기술을 사용하는 주체가 인간이고 인간이 그 공간에서 소통하고 활동한다는 점을 토대로, 메타버스의 개념 정의에 인간 커뮤니케이션 개념을 포함했다는 점에서 주목할 만하다. 한편 이전의 아바타가 현실의 나를 단순히 가상세계로 투영한 디지털 복제(digital twin)에 불과했다면, 최근의 메타버스 속 아바타는 나의 다양한 성격(멀티 페르소나)을 가상세계로 투영할 뿐만 아니라, 현실의 나로부터 책임, 의무, 권리를 위임받아 행동하는 대리인(agent)을 포함하는 개념으로 발전하였다(고선영·정한균·김종인·신용태, 2021, 8쪽). 같은 맥락에서 나노바쉬빌리(Nanobashvili, 2022)는 아바타를 자신을 대신하는 특별한 디지털 대리인(p. 216)으로 설명하기도 하였다.

한편 최첨단 기술융합산업으로 성장하는 메타버스 산업을 활성화하고 발전시키기 위해 국내에서도 관련 법률안들이 나오고 있다. 국회에서 발의된 메타버스 관련 법률안의 정의를 토대로 할 때, 메타버스의 개념은 '가상융합기술을 이용하여 3D 입체 환경을 구현하여 아바타가 경제적·사회적·문화적 활동을 할 수 있는 가상 및 가상과 현실이 결합한 공간'(이정훈, 2023, 3쪽)으로 정의된다. 역시 가상과 현실의 연결이 강조되고 있음을 볼 수 있다.

**표 1-2**  메타버스의 개념 정의

| 연도 | 학자 | 개념 |
|---|---|---|
| 2006 | 손강민·이범렬·심광현·양광호 | 모든 사람이 아바타를 이용하여 사회, 경제, 문화적 활동을 하게 되는 가상의 세계로, 웹2.0과 온라인게임의 만남 |
| 2007 | Smart, Cascio & Paffendorf | 가상적으로 확장된 물리적 현실 공간과 물리적으로 지속되는 가상공간의 융합(convergence)/가상공간이 아니라 물리적 세계와 가상세계의 교차점 또는 연결점 |
| 2007 | 류철균·안진경 | 현실 반영의 세계(mirror world)를 넘어선 파생 실재로서 독립된 또 하나의 세계* |
| 2008 | 한혜원 | 사용자들이 아바타를 만들어서 거주하고 상호작용하는 컴퓨터 기반의 시뮬레이션 환경으로, 게임, 의사소통, 상거래 등 다양한 문화, 예술, 사회, 경제활동을 할 수 있는 공간* |
| 2008 | 김한철·권오병·조미점·박희철·이석민·이정선(2008) | 아바타를 통해 의사소통을 하고, 정보와 재화를 교환하는 것은 물론 현실세계와도 통화 교환이 가능하고, 정치·경제·사회·문화의 전반적인 측면에서 현실과 비현실 모두 공존할 수 있는 생활형·게임형 가상세계 |
| 2008 | 서성은 | 현실과 가상세계의 교차점이 3D기술로 구현된 또 하나의 세계 |
| 2010 | 손승우 | 컴퓨터프로그램 등 정보처리 장치와 정보통신망을 이용하여 입체적 환경으로 구현된 가상사회(virtual society)로서, 아바타 등의 가상 인물과 현실세계의 모방적 표현을 통하여 시간과 공간의 한계를 초월하여 활동할 수 있도록 제작된 가상의 공간* |
| 2020 | Hackl, C. | 인지된 가상세계로 연결된 지속적이고 공유된 3D 가상공간으로 구성된 미래의 인터넷 버전 |
| 2021 | 정준화 | 현실세계를 동일하게 또는 변형해서 구현하는 목적으로 온라인 공간을 활용하는 것으로, 학교·회사·공연장·공원 등 여러 사람이 모이는 공간을 온라인에 입체적으로 만들고, 사람들이 자신의 디지털 캐릭 |

| | | |
|---|---|---|
| | | 터인 아바타를 이용하여 입장해서 사회적 활동을 할 수 있는 공간 |
| 2021 | 한상열 | 자신을 대리하는 아바타를 통해 활동하는 3차원(3D) 가상세계 |
| 2021 | 이승환 | 가상과 현실이 상호작용하며 공진화하고 그 속에서 사회·경제·문화 활동이 이루어지면서 가치를 창출하는 세상 |
| 2021 | 이승환·한상열 | 가상과 현실이 상호작용하며 공진화하고 그 속에서 사회·경제·문화 활동이 이루어지면서 가치를 창출하는 가상세계에서, 아바타의 모습으로 구현된 개인이 서로 소통하고 돈을 벌고 소비하고, 놀이·업무를 하는 것을 넘어 우리가 사는 현실세계와 가상세계를 양방향으로 연동하는 개념 |
| 2021 | 오연주 | 물리적 실재와 가상의 공간이 실감 기술을 통해 매개 결합되어 만들어진 융합된 세계 |
| 2021 | 고선영·정한균·김종인·신용태 | 현실의 나를 대리하는 아바타를 통해 현실과 분리된 것이 아닌 현실의 연장선상에서 일어나는 행위를 포함하는 일상 활동과 경제생활을 영위하는 3D 기반의 가상세계 |
| 2021 | 권오상 | 현실을 반영한 시각화된 공간적인 요소와 현실과의 연결을 통해 사회·경제·문화적 활동을 가능하게 하는 가상세계 |
| 2021 | 윤기영 | 디지털로 구현된 공유 공간에서 아바타로 활동하는 실감 기술 바탕의 플랫폼 |
| 2021 | 송원철·정동훈 | 인간 커뮤니케이션을 지향하며, 현실과 비현실 경험을 즐길 수 있는 확장현실 공간 |
| 2022 | 강현호·한승준·최서윤·박송기 | 수동적인 배경 세계를 의미하는 것이 아닌, 사용자가 능동적으로 행위할 수 있는 가상현실 세계 |
| 2022 | 정진근 | 현실세계를 뛰어넘는 초현실세계/통상 3차원의 가상세계 |
| 2022 | Nanobashvili, L. | 이용자들이 헤드셋과 기타 장비를 사용하여 3차원의 온라인 환경에서 활동하는 몰입형 인터넷 |

*메타버스가 아닌 가상세계에 대한 정의

메타버스는 과거 온라인게임의 형태로 컴퓨터를 통해 3차원의 가상공간
으로 구현된 세계에서, 최근에는 VR, 증강현실(Augmented Reality; 이하
AR), 혼합현실(Mixed Reality; 이하 MR) 등의 기술 및 블록체인, 빅데이터와
그래픽 기술, AI 등 최신 기술이 융합되어 가상과 현실이 연동되는 정교한
가상세계로 진화되어 일상생활과 가상세계에서 아바타가 자신을 대변하여
활동하는 넓은 의미를 포함하는 개념으로 확장되었다(이정훈, 2023; 정지은·
손나연·김현정, 2022). 아바타를 이용해 업무, 소비, 소통, 게임 등을 하면서
실제와 같은 사회경제적 활동을 할 수 있는 3차원 가상세계로서, 가상세계
에 현실세계를 옮겨 놓았기 때문에 기존의 VR, AR보다 확장된 개념으로
해석할 필요가 있다. 결국 메타버스는 기술 진보, 이용자 유입, 이용자 패
턴에 따라 다양한 형태로 유기적으로 진화 중이다(권오상, 2021, 27쪽). 우리
가 사는 실제 현실과 공간에 기초하면서 지속해서 발전하는 기술을 활용하
여 현실의 물리적인 제약을 벗어나 인간과 사회의 기능을 확장하는 것이
핵심인 개념이다. 한마디로 현실과의 경계가 허물어진 융합 디지털 세계(유
홍식, 2022, 153쪽)로서, 상상을 통해 가상의 세계를 경험할 수 있는 공간이
면서, 동시에 현실세계를 그대로 모방한 세계를 구현하는 공간이기도 하다.

## 3. 메타버스의 특징

### 1) 메타버스의 유형

메타버스의 개념 정의에서 볼 수 있듯이, 초기에는 메타버스보다는 가상
세계에 초점을 맞추고 논의했던 경향을 보인다. 류철균·안진경(2007)은 가
상세계를 크게 세 가지 유형으로 나누었는데, 세컨드라이프와 같이 현실
사회의 시뮬레이션에서 출발한 '생활형 가상세계', MMORG와 같이 허구적
인 공간의 시뮬레이션에서 출발한 '게임형 가상세계', 기존 가상세계의 공

간을 교육, 의료, 직업 리크루팅, 전시공간 등과 융합한 파생형 가상세계이
다(32쪽). 즉 가상세계가 사회활동, 게임, 그리고 전문적으로 좀 더 세분화
된 활동을 위한 공간으로 구성되었다고 볼 수 있다. 또 한혜원(2008)은
MMORPG와 같이 환상성, 유희성, 게임성이 강조된 '유희적 가상세계'와
실재성, 효율성, 네트워크성이 강조된 '사회적 가상세계'와 같이 단순히 2
개의 유형으로만 구분하고, 생활형이나 사회적 가상세계에 중점을 둔 북미
형 가상세계와 달리 국내에서는 메타버스 내 가상세계의 발현에서부터 발
전에 이르기까지 유희적 가상세계가 중심에 있다고 비교 설명하였다(321~
322쪽). 이것은 가상세계를 '환상과 놀이를 유발하는 가상세계'와 '현실의 일
상을 유희적 환경으로 확장한 가상세계'로 분류한 카스트로노바(Castronova,
2004)의 유형분류와 같다. 이상의 유형분류들은 가상세계에 대해 주로 기능
적 차원에서 접근했다고 볼 수 있다.

　2007년 미국의 미래가속화연구재단(Acceleration Studies Foundation)이
발표한 보고서에서는 초기 메타버스를 구현 공간과 정보 형태에 따라 가상
세계(virtual worlds), 증강현실(aumented reality), 라이프로깅(lifelogging),
거울세계(mirror worlds)와 같이 4개의 유형으로 분류하였다. 이 분류는 기
술과 응용에 기준을 둔 증강(augmentation)과 시뮬레이션(simulation) 축과
외적 요소와 내적 요소를 기준으로 하는 사용자의 이용 형태 축에 따라 구
분한 것이다(김광집, 2021; 이승환, 2021; 이철남, 2021; 정완, 2022; 최중락,
2021; Smart, Cascio & Paffendorf, 2007). 메타버스 기술의 서로 다른 기능이
나 형태를 강조한 이 유형들은 가상의 3D 디지털 미래인 메타버스를 이해
하는데 유용한 출발점이 될 수 있다.

　첫째, 가상세계는 현실세계 환경과 유사하게 만들어진 가상공간에서 교
육, 쇼핑, 업무 등의 활동이 가능한 형태로, 우리에게 가장 친숙한 유형의
메타버스이다. 온라인 플라잉 게임부터 생활형 사이버 세계에 이르기까지
컴퓨터그래픽 환경으로 구현되는 세계를 총칭하는 개념이다. 이런 유형의

대표적인 서비스로 세컨드라이프, 제페토, 로블록스, 포트나이트(Fortnite) 등이 있다. 둘째, 증강현실은 현실환경에 네트워크화된 정보나 이미지를 덧붙여 그것이 실재하는 것처럼 현실을 증강시킨 세계로, 현실과 가상환경을 융합하는 복합형 VR이다. 즉 현실 공간에 겹쳐 보이는 가상의 물체를 통해 서로 작용하는 환경을 뜻한다. '포켓몬 고'를 예로 들 수 있는데, 이것은 직접 바깥을 돌아다니면서 포켓몬을 잡는 방식인 위치기반 증강현실 모바일 게임으로, 이용자의 현실공간 위치에 따라 모바일 기기상에 출현하는 가상의 몬스터인 포켓몬을 포획하고 다른 사람들과 대전할 수 있다(이상준·김태순·이해경·박상현, 2022, 49쪽).

셋째, 라이프로깅 또는 일상기록은 인간의 신체, 감정, 경험과 같은 사람과 사물에 대한 일상적인 정보를 가상공간에 기록, 저장하고 다른 사용자와 공유하는 등 현실 생활정보에 기반하여 구현되는 유형이다. 이것은 현실증강과 사적 영역에 속한다고 할 수 있다. 웨어러블 디바이스와 IoT 기술의 결합으로 가능해졌는데, 예를 들어 건강 등 일상적인 기록을 할 수 있는 스마트워치를 차고 운동하면 심박 데이터와 운동한 동선이 그대로 스마트폰 앱 화면에 나타난다. 페이스북, 카카오스토리가 라이프로깅의 대표적인 서비스이다. 마지막으로 거울세계는 현실환경의 공간 및 정보를 그대로 복사하여 온라인에 제공하고 공유하는 디지털 트윈 기술을 활용한 확장된 디지털 세계이다. 가상의 아바타를 통한 가상세계와 달리 현실기반의 공간을 제공하는 것으로, 가상공간에 외부 환경정보가 통합된 구조이다. 구글어스, 마인크래프트 등이 대표적인 예이며, 스마트시티 구축을 위한 디지털 트윈도 이 세계에 속한다.

메타버스 유형과 관련해서는 초기 메타버스 기술을 중심으로 ASF의 연구팀이 제시한 4개의 메타버스 시나리오가 현재도 가장 많이 통용되고 있지만, 최근에는 XR 기술을 이용하여 가상세계 및 라이프로깅 등이 복합적으로 활용된 형태의 플랫폼으로 발전(최중락, 2021, 122쪽)하는 등, 유형별로 분리되기보다는 융복합되어 유형 간의 경계를 허무는 다양한 시도들이 일어나고 있다. 이에 유홍식(2022)은 2000년대 중반 ASF가 분류한 유형이 융복합된 형태로 급속하게 진화해 온 메타버스 서비스를 설명하기에 부족하다고 보고, 적용기술을 고려한 유형화와 기능적 분류를 포괄하고, 메타버스 진화와 발전의 한 축을 담당하는 게임을 통합적으로 고려하여 메타버스의 재범주화를 시도하였다. 그는 2022년 현시점에서 메타버스의 기본 특성을 CG로 구성된 3D 가상세계, 현실과 가상세계의 공존과 융합, 다중 이용자의 참여와 상호작용·교류, 이용의 실시간 동시성, 아바타(캐릭터)의 매개와 선택, 상호운영성,[8] 경제 흐름·기능으로 설명하면서, 확장형·혼합형 메타버스가 7개의 기본 특성을 충족한다고 보았다. 그리고 이를 기반으로 게임성(게임 – 비게임)과 플랫폼 개방성(비개방형 – 개방·확장형)[9]이라는 2개 축을 적용해, 가상세계를 대표하는 콘텐츠인 게임 단독형, 하나의 특정 콘텐츠 유형이 제공되는 비게임 콘텐츠 단독형, 이용자가 참여한 게임 기반 확장형, 게임보다는 유희성, 정보성, 이용자들 간 확장된 네트워크가 강조된 비게임 콘텐츠 기반 융합형이라는 4개의 진화된 메타버스 유형을 도출하였다. 이 유형분류는 기존의 적용기술과 기능을 고려한 유형분류를 포함하고 메타버스의 진화와 발전의 한 축을 담당하는 게임을 통합적으로 고려했다는 점에서 의미가 있다. 그리고 무엇보다도 ASF의 초기 메타버스 유형분류 이후, 융·복합적으로 발전해 온 메타버스의 특성을 반영한 유형분류라는 점에서 의의를 찾을 수 있을 것이다.

메타버스는 이용이나 활용 목적별로도 분류가 가능하다. 어수진(2022)은 이용자 목적에 따라 게임 기반 메타버스, 소셜 기반 메타버스, 특수목적형 메타버스로 구분하였다. 이런 분류는 류철균·안진경(2007)이 초기 가상세

---

8) 앞에서 언급했던 상호운용성과 같은 개념이다.
9) 메타버스 구조가 플랫폼 사업자 이외의 외부 창작자, 이용자, 사용자들이 참여하여 월드, 커뮤니티, 게임, 서비스 등을 해당 플랫폼에 개설할 수 있는지를 의미한다(유홍식, 2022, 170쪽).

계를 게임형, 생활형, 파생형으로 분류한 것과 거의 유사하다. 게임 기반 메타버스는 콘솔용 게임, PC 및 모바일 게임을 기반으로 출현한 메타버스 라 할 수 있다. 엔터테인먼트 콘텐츠로써 가상세계를 배경으로 서사를 가 진 게임 안에서 이용자들이 미션을 수행하는 등 게임 활동을 할 수 있다. 소셜 기반 메타버스는 소셜 미디어 형태의 모바일 서비스를 기반으로 시작 된 것이다. 이용하는 사람들은 가상세계의 '나'라 할 수 있는 아바타를 생 성하고 이를 통하여 가상세계에서 다른 아바타와의 사회적 교류나 문화적 활동을 한다. 마지막으로 특수목적형 메타버스는 운동이나 교육, 훈련 등을 목적으로 가상 융합기술이 접목된 유형이다. 특정한 목적에 맞춰 3차원 컴 퓨터 그래픽으로 현실과 흡사한 공간을 구현하여 실행된다.

메타버스는 활용 목적에 따라, 사회관계 형성(SNS), 디지털 자산 거래 (Market), 원격협업 지원(Assistant) 유형으로 구분하기도 한다. 사회관계 형 성 집단활동을 목적으로 한 메타버스 유형으로는 로블록스, 제페토, 마인크 래프트, 포트나이트가 있으며, 디지털 자산 및 상품거래 목적의 유형으로는 디센트럴랜드(Decentraland), 샌드박스(Sandbox), 어스2(Earth2)를 예로 들 수 있고, 원격협업 및 소통지원 유형에는 메쉬(Mesh), 엔비디어 옴니버스 (Nvidia Omniverse)가 있다. 각각의 유형은 초기에는 독립적으로 발전하다 가 여러 유형이 상호융합하며 기능이 통합된 형태로 발전되리라고 전망된 다.10) 결국 메타버스의 활용범위는 게임을 넘어 생활, 소통, 업무 등 생활 전반으로 확산되어 영향을 미칠 것으로 보인다.

## 2) 메타버스의 특성

메타버스와 관련된 저작권 쟁점을 파악하기 위해서는 메타버스가 어떤 특성을 가지는지 살펴보는 것이 필요하다. 메타버스는 가상공간의 범주에 속하지만, 일반적인 가상공간과 기존 플랫폼 서비스나 VR 등의 실감형 콘

---

10)  <https://atic.ac/metaverse/sub1.do#section01>  (2023년 5월 9일 최종접속).

텐츠와 차별화되는 메타버스만의 고유한 특징이 있는데, 이를 학자들은 5C로 요약해서 설명하고 있다. 5C는 세계관(canon), 창작자(creator), 디지털 통화(currency), 일상의 연장(continuity), 연결(connectivity)이다(고선영·정한균·김종인·신용태, 2021; 김승래·이윤환, 2021; 정완, 2022).

첫째, 메타버스의 시공간을 설계자와 참여자들이 채우고 확장해 나간다는 '세계관' 사상이 담겨 있다. 둘째, 메타버스에서는 콘텐츠를 누구나 창작할 수 있으며, 심지어는 AI도 콘텐츠 창작자가 될 수 있다. 누구나 그 세계를 확장할 수 있으므로 참여자가 자발적으로 세계를 구축하는 창작자이자 동시에 이용자[11]가 된다. 또한 공간(맵), 게임, 나만의 블로그, 사진·영상 촬영, 아바타 의상 제작, 실감 콘텐츠 제작 등 창작물을 무한히 생산할 수 있다. 이와 같은 특성은 메타버스 공간에서 콘텐츠 저작자가 동시에 저작물 이용자도 될 수 있다는 것을 의미하며, 다양한 저작물 유형별로 발생 가능한 새로운 저작권 쟁점을 파악할 필요성을 제기한다. 셋째, 생산과 소비를 동시에 할 수 있는 메타버스에서는 가치를 저장·교환하기 위한 디지털 화폐가 통용되는데, 통화로서 그 영향력을 키워나갈 것으로 예상된다. 예를 들어 로블록스 안에서 통용되는 디지털 화폐인 로벅스(Robux)는 현실세계의 화폐로도 전환할 수 있다. 넷째, 메타버스에서는 일상의 연속성이 보장되는데, 일상, 여가, 경제활동이 단발적인 행위나 일회적인 체험에 그치지 않고 지속해서 진행된다.[12] 다섯째, 메타버스는 시공간을 연결하고, 서로 다른 메타버스와 연결하거나 아바타를 통해 사람과

11) 개방·확장형 구조의 메타버스에서는 외부의 창작자나 이용자가 플랫폼 사업자의 서비스를 확장하는 참여자로 활동함으로써 'creator'와 'user'를 합한 '크리유저(creauser)'로 활동한다(유홍식, 2022, 170쪽).
12) 기존의 가상현실이 이미 개발된 콘텐츠를 1인칭 시점에서 정해진 시나리오에 따라 체험하는 것이라면, 메타버스는 실제 사람을 그래픽으로 표현한 아바타 간의 상호작용과 상호활동에 따라 앞으로 전개될 상황이 달라질 수 있으며 가상의 세계가 현실세계처럼 시간의 측면에서 지속되는 세계이다(이덕우, 2022, 5~6쪽).

사람을 연결하고 현실과 가상을 연결하며, 그 결과 시공간을 초월해 지식과 정보를 공유할 수 있다.

김상균·신병호(2021)는 이와 조금 다른 시각에서 메타버스의 핵심 특성을 설명한 SPICE 모델을 제시했다. 이 모델은 모두 5개의 특성으로 구성된다. 첫째, 연속성(seamlessness)은 다양한 경험과 기록들이 단절되지 않고 계속해서 연결되는 속성으로, 하나의 아바타로 게임을 즐기다가 다시 로그인하거나 플랫폼을 갈아타지 않고 쇼핑하거나 업무논의를 하기도 한다. 둘째, 실재감(presence)은 아바타를 통해서 몰입감을 느끼는 속성으로, VR, AR 기기나 네러티브를 통해 현실에 존재하면서 메타버스 내에 있는 것처럼 느끼는 것이다. 셋째, 상호운영성(interoperability)은 현실세계와 메타버스의 데이터, 정보가 서로 연동되어 상호 보완적으로 운용되는 성질인데, 주로 라이프로깅에서 강하게 나타난다. 넷째, 동시성(concurrence)은 여러 명의 사용자가 동시에 하나의 메타버스 세계관에서 활동하는 것을 말한다. 혼자 접속해서 사전에 정의된 시나리오에 따라 즐기는 VR 게임과 차별화된다. 마지막으로 경제 흐름(economy flow)은 플랫폼에서 제공하는 화폐와 거래 방식에 따라 사용자들의 재화와 서비스를 자유롭게 거래하는 경제적 흐름이 존재한다는 것으로, 진화되어 다른 메타버스나 실물 세상과도 경제 흐름이 연동될 수 있다(61~70쪽). 이 모델에서는 메타버스 고유의 특징 5C에서 포함하지 않았던 실재감, 몰입감과 같은 특성을 특별히 부각했다는 점에서 차이를 보인다.

메타버스의 특성은 기능, 진화, 기술의 관점에서도 설명할 수 있다. 기능의 관점에서 메타버스는 포털의 정보검색, 소셜네트워킹 서비스의 소통, 게임의 유희 기능과 요소를 모두 통합한 인터넷이다. 진화의 관점에서 보면, 메타버스는 코로나19의 확산, 5G 보급, 가상융합기술(XR)의 진보가 맞물리면서, '기존의 인터넷이 3D 기반으로 진일보한 새로운 인터넷'이다. 즉 1990년대 후의 포털 시대에서 2000년대 소셜네트워킹 시대로, 그리고

2020년대 초 코로나를 전후로 메타버스 시대로 진입하면서 계속 진화해 왔다. 마지막으로 기술 관점에서 바라본 메타버스는 가상세계를 완전히 또는 부분적으로 구현할 수 있는 기술과 개념의 복합체이다(고선영 외, 2021, 9쪽). 한마디로 초기에는 게임과 놀이, 소통의 일상과 사회활동 중심으로 전개되다가 화질 등 기술이 개선되면서 현실과 가상이 자연스럽게 연결되고 현실감과 몰입감이 극대화되는 방식으로 메타버스 서비스가 발전되어 왔다고 볼 수 있다. 이처럼 기술발전과 함께 기능이 확장되고 계속 진화하면서, 메타버스가 디지털 자산이 활용되고 그 가치를 인정받는 새로운 기회의 시장이 될 것이며 이로 인해 가상경제가 활성화될 것으로 전망된다.

　이상 살펴본 메타버스의 다양한 특성은 그 공간에서 이루어지는 콘텐츠의 새로운 생산과 소비 방식과 관련된 다양한 저작권 쟁점에 대해 기존의 저작권 법리를 어떻게 적용할 수 있는가에 대한 논의를 요구한다. 특히 메타버스에서 누구나 콘텐츠 창작자이자 동시에 이용자가 되어 다양한 유형의 창작물을 생산할 수 있는 특성이 저작권 제도를 어떻게 적용할 것인가의 문제를 제기하지만, 가상과 현실의 연결이라는 속성 자체가 저작권 문제를 더욱 복잡하고도 난해하게 만들 것이다.

　한편 메타버스가 구현하는 가상세계의 가치사슬은 크게 디바이스, 콘텐츠, 플랫폼, 인프라로 구분된다. 여기서 디바이스는 가상세계에 접속할 수 있는 매개체이다. 디바이스 사용자가 TV, PC, 스마트폰 화면 대신에 눈앞 1인치 크기의 디스플레이[13]를 통해 VR에 접속해서 인터넷 환경을 이용할 수 있다. 이것은 디지털 환경 초기의 PC와 스마트폰 기반에서 가상세계로 전환되는 외형적인 변화를 보여준다. 콘텐츠는 가상세계 플랫폼에서 제공하는 다양한 창작물로 사용자를 유인하는 요소이다. 초기에는 게임, 영상 등 엔터테인먼트 분야 중심으로 시장이 형성되었으나 기술이 고도화되면서 쇼핑, 의료, 교육, 제조업의 다양한 분야로 확산되고 있다. 플랫폼은 다양

---

13) VR HMD(Head Mounted Display), AR Glass, XR Glass, 손목밴드 등이 있다.

한 콘텐츠가 구현되고 사회경제적 활동이 발생하는 가상공간으로, 가상세계의 집합체이다. 현재까지는 로블록스, 포트나이트와 같은 10대 위주의 게임·공연 플랫폼과 국내의 대표적인 메타버스 플랫폼인 네이버Z가 운영하는 제페토와 같은 가상생활 플랫폼이 대부분을 차지한다. 마지막으로 인프라는 클라우드, 5G 통신네트워크, 데이터 센터 등, 가상세계 구현에서 급증하는 데이터 트래픽을 병목현상 없이 전송할 수 있는 기술적 기반시설이다(성지영, 2021, 4~6쪽). 이렇게 볼 때 메타버스는 저작물을 통해 지식재산권을 창출하는 요소인 콘텐츠를 생산하고 유통하고 소비하는 공간으로서, 저작권 쟁점을 불러일으키는 또 다른 새로운 플랫폼의 출현을 의미한다는 점에서 관심을 가지고 지켜볼 필요가 있다.

## 4. 메타버스 관련 기술과 쟁점

메타버스를 둘러싼 환경은 기술발전과 함께 상당한 변화를 겪고 있다. 기존의 가상세계는 소수 창작자가 말, 문자 등의 아날로그 수단으로 책, 음반 등의 매체에 시뮬레이션한 세계였으나, 디지털 트윈과 같은 현재의 가상세계는 다수의 창작자와 이용자가 상호커뮤니케이션하는 세상이다. 또한 기존에는 시청각 중심의 콘텐츠 환경이었던 현실세계가 이제는 증강기술과 IoT로 연결된 다양한 기계를 전제로 한 빅데이터 환경으로 변하였다(이철남, 2021, 488쪽).

메타버스를 구현하기 위해 필수적으로 필요한 기술로, VR과 AR, XR 등의 개념이 있다. VR과 AR은 모두 가상세계에서의 현실이라는 공통점을 가진다. 다만 VR은 현실세계의 인프라를 모방함으로써 새로운 공간을 창출하는 반면, AR은 현실세계의 인프라를 토대로 하면서도 새로운 가상의 현실을 추가한다는 점에서 차이를 보인다(정진근, 2018b, 134쪽). VR은 실제 경험을 시뮬레이션하기 위해 설계된 컴퓨터 생성환경으로, 보통 헤드셋과 같은 기기를 통해 완전히 몰입된 상태로 경험할 수 있도록 한다. 반면 AR 은 가상의 콘텐츠나 이미지가 물리적 세계에 중첩되는 것으로, 스마트폰이나 태블릿과 같은 장치를 통해 경험하게 된다. 예를 들어 가상의 지도에 주행 정보를 보여주면 VR이고, 네비게이션 시스템에서 실제 도로 장면에 주행 정보를 추가해서 보여주면 AR이다. AR은 화면에 삽입된 가상 객체를 실제 세계와 중첩시켜 혼합함으로써 증강된 세계를 볼 수 있도록 하므로 현실감을 향상시킨다. 즉 실제 세계를 대체하는 것이 아니라, 실제 세계 위에 가상 이미지를 추가로 보여준다(이기호·배성한, 2013, 214쪽).

메타버스는 현실과 가상이 연동되는 MR을 구현한다. MR이라는 용어는 밀그램(Milgram)과 키쉬노(Kishino)가 1994년 처음 사용하였다. 이들은 MR을 증강가상과 AR이 혼합된 개념으로 폭넓게 해석하였는데, 가상 연속체(virtuality continuum) 개념에 관한 논의를 통해 가상성의 정도에 따라 MR을 설명하였다. 즉 현실환경과 가상환경을 연속체의 양 끝에 놓고 가상환경에 가까운 것을 증강가상, 현실환경에 가까운 것을 AR이라고 보았다(Milgram & Kishino, 1994). 여기서 증강가상은 앞에서 설명했던 VR로 이해하면 될 것이다. 밀그램 등의 설명에 기초하면, 증강가상은 가상환경에 현실의 정보를 부가함으로써 가상환경이 증강된 것이다. 대표적인 사례로는 현실세계를 그대로 모방한 거울세계인 디지털 트윈을 들 수 있다. 반면 AR은 현실세계에 가상의 객체나 정보를 추가함으로써 현실환경이 증강된 것이다. TV 드라마 '알함브라 궁전의 추억'이 AR의 구현 사례이다. 드라마에서 선보인 AR은 실제 현실이 투영된 디스플레이에 가상의 오브젝트를 그래픽으로 보여주고 있는데, 드라마 속의 인물이 게임에 접속하는 순간마다 배경에 가상의 정보를 입히는 기술을 보여주며, 가상공간과 현실의 경계를 표현한다(정지은·손나은·김현정, 2022, 206쪽). 사실 이전의 VR은 모든 것을 컴퓨터그래픽을 통해 이미지로 표현한 인위적 환경을 제공하기 때문에 실제 세계와 같은 현실감을 주는 데 한계가 있고, 자연 몰입감도 떨어진다. 이런 한계를 극복하기 위해 컴퓨터로 만들어 낸 가상환경을 실세계와 혼합하여 현실감을 향상시키는 개념이 MR이다. 이 중에서 실세계 환경과 가상환경 중 어느 환경에 기반하였는지에 따라 증강가상과 AR로 구분된다고 보면 된다(이기호·배성한, 2013, 214쪽).

　메타버스 구현을 위해 필요한 기술인 VR과 AR의 구성요소로는 위치정보와 지도정보, 배경, 캐릭터, 기타 등장인물들과 컴퓨터프로그램저작물이 있다. 이 중에서 위치정보와 지도정보의 저작권 침해 가능성은 낮은 반면, 캐릭터나 컴퓨터프로그램저작물은 타인의 저작물을 침해할 가능성이 크면서도 저작권 침해 방지에 적합한 구성요소이다. 반면, 배경이나 기타 등장인물은 타인의 저작권을 침해할 가능성이 있음에도 불구하고 공정이용으로 보아 침해를 부정해야 하는 경우가 많을 것으로 평가되며, VR 및 AR을 구축하는 과정에서 빅데이터 이용 역시 공정이용으로 보아 저작권 침해를 부정하는 것이 산업발전을 위해 합리적인 정책 방향이다(정진근, 2018b, 133쪽). 또한 인터넷상의 데이터를 추출하여 AR 시스템에 저장하는 과정에서 발생하는 저작물의 복제와 전송, AR 기기에 데이터를 시각화하면서 발생하는 저작물의 복제, 전시 변형에 따른 문제, AR 기기를 통해 수집되고 축적된 데이터의 저작물성과 데이터의 분석과 처리 과정에서 발생하는 저작권 문제 등도 AR과 관련된 저작권 쟁점으로 지적할 수 있다(박유선, 2017).

　메타버스는 단일한 기술이 아닌 실감 기술, 공간 컴퓨팅, 아바타, 햅틱(Haptic),[14] 물리 컴퓨팅 등 복수의 다양한 기술로 구성된다(윤기영, 2021, 48쪽). VR, AR, 블록체인(blockchain), NFT(Non-fungible Token; 이하 NFT) 등의 새로운 기술이 활용되는 저작물 생산과 이용환경에서는 기존의

---

14) 각종 디지털 기기에 진동과 힘, 충격을 발생시켜 사용자가 촉감을 느끼게 하는 기술을 말한다. <http://www.etri.re.kr/webzine/20210319/sub01.html> (2023년 5월 28일 최종접속).

저작권 이슈가 그대로 수용되면서 동시에 확대되고 심화되고 있기에, 아날로그 시대 만들어진 기존의 저작권법으로 대처하기에 한계가 있다. 예를 들어 메타버스에서 필요한 가상현실 기술에 저작권법을 적용할 경우, 무엇이 저작권법으로 보호되고 보호될 수 없는지, 가상세계에서 기존 저작물의 저작권 침해 없이 무엇을 복제할 수 있는지, 저작권을 어떻게 집행할 수 있는지 등이 매우 불확실하다(Beausolei, 2017, p. 13). 이에 다양한 기술을 활용하는 메타버스에 기존의 저작권 체계를 그대로 적용할 것인지, 아니면 새로운 규칙이 필요한지에 관한 논의가 요구된다.

# 메타버스 현황

# 메타버스 현황

AR, VR 등의 기술발전과 사회 트랜드를 반영한 메타버스의 기대 가치가 다양한 영역으로 확장되고 있다. 메타버스 플랫폼을 이용하는 소비자가 증가하고 메타버스 시장이 성장함에 따라, 메타버스는 산업 영역으로 확대되면서 차세대 산업을 주도할 새로운 서비스로 주목받고 있다. 이에 국가 차원에서도 메타버스 산업육성을 위해 적극적으로 지원 정책을 펼치고 있다. 다음에서는 메타버스와 관련한 주요 기업의 전략 및 동향을 중심으로 메타버스 산업의 현황을 파악하고, 메타버스에 대해 각 정부가 추진하는 주요 정책을 살펴본다.

## 1. 메타버스 산업의 실태

인터넷이 발전함에 따라 산업의 모습도 함께 변화되었는데, 대규모 롤플레잉 게임이나 각종 소셜 미디어의 대거 출현은 메타버스가 등장하게 된 계기가 되었다(정완, 2022, 148쪽). 메타버스 등장 초기에는 세컨드라이프와 같은 게임, 콘텐츠 산업을 중심으로 발전해 오다가, 코로나19로 인해 비대면 문화로 전환되면서 정치, 경제, 사회, 문화·예술, 교육, 홍보·마케팅, 생산·제조 등 우리 일상생활부터 공적 영역까지 전 산업적으로 확대되면서 다양한 분야에서 메타버스가 활성화되고 있다(권오상, 2021; 이혜영, 2022). 웹 3.0시대 촉망받는 산업으로 기대되면서 메타버스 서비스가 데이터의 이용방법이나 수준이 과거와는 획기적으로 변화되는 방향으로 나아가고 있으며, 그 과정에서 새로운 IT 기술이 접목되어 최첨단의 기술융합산업으로 성장하고 있다(이정훈, 2023, 1쪽).

메타버스는 여전히 발전하고 있는 기술이자 서비스이므로, 그 누구도 그것의 성장을 예측할 수 없다. 메타버스 활용이 확대되면서 시장 규모도 빠르게 성장하는 추세이다. 그 현황을 살펴보면(손승우, 2021; 송선미, 2022; 이승환·한상열, 2022; 이준복, 2021; 정준화, 2021; 정완, 2022), 미국에서 2014년 설립된 로블록스는 게임이용자가 프로그래밍한 것을 다른 이용자도 함께 즐길 수 있도록 한 게임 및 소통 플랫폼이다. 코로나19 기간인 2021년 3분기 기준 일간 활성 사용자가 전년 대비 31% 증가한 4,730만 명으로 크게 성장하였고, 이용시간도 2020년 대비 15% 증가한 112억 시간으로 나타났다. 미국 Z세대의 60%가 로블록스 가입자이며, 1개 이상의 메타버스에서 각각 다른 삶의 방식을 추구하고 있다. 역시 게임 메타버스 플랫폼으로 2017년 출시된 포트나이트는 전 세계 이용자 수가 2020년 3억 5천만 명을 넘어섰는데,[1] 이 플랫폼에서는 게임과 함께 3D 소셜 공간인 파티 로얄 서비스를 통해 영화나 콘서트를 즐길 수 있다. 2020년 4월 포트나이트 콘서트장에서 열린 트래비스 스콧의 공연에는 1,230만 명이 동시 접속했고, 방탄소년단은 2020년 신곡 '다이너마이트'의 안무를 파티로얄에서 최초로 공개한 바 있다. 생활형 메타버스 플랫폼으로 2016년 시작된 디센트럴랜드에서는 이용자가 아바타를 직접 설정한 뒤 가상세계를 탐험할 수 있고, 업데

---

[1] 게임플랫폼으로 2011년 시작된 마인크래프트(Minecraft)는 월간 이용자가 2016년 6월 4천만 명에서 2021년 4월, 1억 4천만 명으로 250% 증가하였다.

이트, 토지 경매 등 커뮤니티와 관련된 모든 의결사항을 투표할 수 있으며, 이용자의 동의 없이는 게임 세계관을 변경할 수 없다. 또 이용자들이 가상 공간에서 만나 대화와 업무를 할 수 있는 것이 특징인 게더타운(Gather Town)은 이용자들이 사이버공간에서 아바타를 통해 소통할 수 있고 다른 이용자와 마주치게 되면 컴퓨터 카메라를 통해 실제 본인의 모습으로 소통할 수도 있다.

국내에서 2018년 시작된 제페토는 네이버Z가 운용하는 대표적인 SNS형 메타버스 플랫폼이다. 2022년 3월 기준 전 세계 가입자 수가 3억 명이다. 이용자 자신이 생성한 3D 기반의 아바타를 중심으로 소통, 채팅, 메신저 등을 사용하는 것이 특징이다. 이용자가 패션 아이템 제작 등을 통해 수익을 창출할 수 있고, 가상 팬 사인회, 아바타 공연 등을 진행하고 있다(송선미, 2022; 정준화, 2021). 2020년 9월 블랙핑크가 제페토에서 개최한 가상 사인회에는 전 세계 팬 4,600만 명이 참가했다.[2]

메타버스 경제는 생산자와 소비자가 존재한다는 점에서 현실경제와 유사하다. 사람들은 게임을 만들어서 미국 달러나 가상화폐와 같이 '현실'에서 사용할 수 있는 돈을 벌 수 있으며, 가상세계가 제공하는 모든 것을 가지고 놀거나 구매하기 위해 디지털 방식으로 지불할 수도 있다(Cantley & Dietrich, 2022, p. 3). 자연 메타버스에서도 참여자가 직접 콘텐츠를 생산해서 디지털 자산을 거래하는 새로운 비즈니스 모델이 형성된다. 아이템을 판매하거나 광고와 마케팅을 통해 수익을 창출하는데, 가상화폐를 사용하여 아이템을 거래할 수 있다. 로블록스에서는 게임을 스스로 개발해서 실시간으로 즐길 수 있을 뿐 아니라 개발한 아이템을 판매할 수도 있는데, 로벅스라는 가상화폐를 사용하여 아이템을 구매하는 등 경제활동이 가능하

---

2) 곽주현(2020), "빅히트·YG가 120억 투자" 네이버 '제페토', 대체 어떤 앱이길래. 한국일보, 2020. 10. 12. 자. <https://n.news.naver.com/mnews/article/469/0000543505?sid=105> (2023년 5월 28일 최종접속)..

다. 디센트럴랜드에서는 이용자들이 마나(MANA)라는 블록체인을 이용하여 가상세계의 토지를 매매하고 콘텐츠를 제작하며 다양한 활동을 할 수 있다. 실제로 삼성전자가 뉴욕 맨해튼에 있는 실제 매장을 모델로 하여 디센트럴랜드에 가상 매장을 열기도 하였다. 제페토에서도 젬(Zem)이라는 가상화폐를 사용하는데, 아이템 판매수익금이 5천 젬 이상이면 실제 현금으로 환금할 수 있다(송선미, 2022; 정준화, 2021: 정완, 2022).

디지털 산업에서 메타버스가 급격히 확산하는 단계에서, 테크 기업을 포함한 다수의 기업이 메타버스에 강력한 시동을 걸고 확장하는 추세이다. 마이크로소프트(MS)가 액티비전 블리자드를 인수했으며, 최대 유통기업인 월마트 역시 메타버스에서 제품을 판매하기 위해 관련 상표를 출원하는 등, 이제 모두가 메타버스라는 비즈니스를 향해 달려가고 있다. 메타버스에서는 각종 브랜드와 협업할 수 있다. CU편의점은 제페토에 매장을 만들어 실제 매장과 연동되는 서비스를 시작하였고, 구찌는 제페토에 브랜드를 걸고 사업모델을 개척하였다. 아티스트들이 메타버스에서 아바타를 만들어 팬 미팅을 진행하거나 공연을 하기도 한다(정완, 2022, 148~149쪽). 이렇게 메타버스에서는 가상세계와 현실세계를 연결하여 수익 창출을 통해 새로운 경제적 가치를 창출한다. 메타버스라는 플랫폼에서 제공하는 화폐와 거래 방식에 따라 수많은 사용자가 재화와 서비스를 자유롭게 거래한다. SPICE 모델에서 제시한 경제 흐름이 존재하는 것이다.

이상에서 살펴본 제페토, 로블록스, 마인크래프트, 포트나이트 등의 대표적인 국내외 메타버스 플랫폼들은 메타버스의 가능성을 내다보고 플랫폼을 개발하기 위해 투자하고 있다. 향후 다양한 산업 분야에서 메타버스를 통한 새로운 변화 가능성을 기대하면서 메타버스의 영향력이 점차 확대되리라고 본다. 시장조사업체 스트래티지 애널리틱스(SA)는 2025년 메타버스 시장 규모가 2천 8백억 달러(약 324조 원)[3]에 이를 것으로 전망했고,[4]

---

3) 2020년 기준 460억 달러(54조 4,410억 원)에서 6배 이상 성장한 수치이다.

2030년까지 연평균 43.3% 성장을 하여 약 1조 5천억 달러 이상의 메타버스 시장이 형성될 것으로 예상된다(이덕우, 2022, 12쪽). 메타버스는 아직 모든 면에서 초기 단계이다. 하지만, 애플, 마이크로소프트, 페이스북 등 글로벌 상위 10개 대기업 중 70% 이상이 메타버스 산업에 직간접적으로 연결되어 있을 정도로 미래 전망이 엿보이는 분야(민문호, 2021, 5쪽)라는 점에서 산업 차원에서 계속 주시해 볼 필요가 있다. 자사 보유 기술과 IP(Intellectual Property) 등을 활용하여 메타버스 플랫폼을 구축하려는 기업들이 늘어나고 있는 현상을 놓고 볼 때, 메타버스가 차세대 핵심 산업으로 부상하고 있는 것만은 분명하다.

## 2. 메타버스에 대한 정책 동향

메타버스는 데이터, 네트워크, AI, 가상융합기술 등 첨단 정보통신기술의 집합체로서, ICT 생태계의 패러다임을 급격히 변화시키고 있는 기술이기도 하다. 이에 미국, 유럽 등 주요국이 메타버스를 구현하는 핵심 기술 개발에 주력하고 있고, 국내에서도 국가 경제를 견인할 새로운 성장 엔진으로 발전시킬 계획을 수립하고 있다(김광집, 2021; 정완, 2022). 해외 주요국을 중심으로 메타버스 육성, XR/NFT 등 메타버스와 밀접한 관련 정책 발표가 늘어나는 추세인데, 각국은 메타버스 주요 기술인 XR에 많은 정책적 관심을 가져왔고, 최근 이를 메타버스와 연계하여 메타버스 주도권을 목표한 정책을 준비 중이거나 이미 발표한 바 있다(한상열·곽나영·이승환, 2022). 정책의 경향을 보면, 메타버스 자체에 대한 정책보다는 AR/VR/MR/XR 등

---

4) 최종원(2021). 메타버스는 '제2의 인터넷'이 될 수 있을까. 위키리크스 한국. <https://www.wikileaks−kr.org/news/articleView.html?idxno=119722> (2023년 3월 20일 최종접속).

의 기술을 기반으로 다양한 디바이스·콘텐츠 육성에 초점을 두고 정책을 추진하고 있는 것이 특징이다.

국가별 메타버스 정책 현황을 살펴보면(권오상, 2021; 정준화, 2021; 한상열· 곽나영·이승환, 2022), 미국은 메타버스의 핵심 구현기술인 XR과 실감 콘텐츠[5]를 과학기술 리더십 유지를 위한 핵심 기술 영역으로 인식하고, 국가 차원에서 공공 부분 ICT R&D 프로그램을 추진하여 핵심 기술을 확보한 후, 교육·국방·의료 등의 공공분야에서 활용되는 공공 수요를 중심으로 민간 협업을 통해 XR 기반 시뮬레이션 등 기술개발과 활용을 지원하고 있다. 특히 NFT에 대해서는 금융 안정성과 소비자 보호를 위한 관리 감독을 강화하고 있다.

유럽은 역시 메타버스 구현 핵심 기술인 XR, AI, 데이터, 디지털 트윈 등의 개발을 지원하며, 가상자산 규제 기본법안에 NFT 규제를 우선 제외했으나 향후 포함할 가능성이 있다. EU를 중심으로 R&D 정책 기반의 종합 계획을 기술, 인프라, 사업화 전 단계에 걸쳐 추진하고 있는데, EU 집행위원회가 메타버스 이니셔티브 준비를 위한 사람·기술·인프라 육성 방향을 제시한 바 있다.

영국은 국가 전략사업인 창조산업을 근간으로 4대 디지털 핵심 기술로 메타버스 기반 기술인 XR을 지정하고 XR과 산업 융합을 적극적으로 지원하고 있으며, 지역 클러스터 기반으로 XR 산업발전 추진 정책을 마련하였다. XR 산업과 연계한 메타버스의 중요성과 대응 필요성을 강조하고 있는데, XR 산업 규모는 14억 파운드(약 2.3조 원)에 이르며, 메타버스 기업과 종사자가 꾸준히 증가하는 추세이다. 또 영국 왕립 조폐국을 통한 자체 NFT 발행 계획을 발표하였다.

---

5) 메타버스의 핵심 구현기술이 XR과 실감 콘텐츠라는 점은 메타버스가 실감 기술을 바탕으로 하드웨어와 소프트웨어의 융합 플랫폼으로 발전할 가능성(윤기영, 2021, 49쪽)을 보여준다.

또 일본은 4차산업혁명의 핵심 기술로 AR/VR을 포함한 범정부적 종합 전략에 기초하여 제도 정비 및 지원 정책을 추진하고 있다. 의료와 로봇 등에 AR/VR을 적용하여 민·관 협력을 통해 실증사업 및 지역 활성화 등을 지원하는 정책을 펼치고 있는 것이 특징이다. 게임, 애니메이션 등 지식재산권을 기반으로 NFT와 웹 3.0을 선도할 수 있는 잠재력을 강조하고 있으며, 2022년 7월 경제산업성이 웹 3.0 관련 사업 환경 정비를 위한 'Web 3.0 정책실'을 설치하였다. 일본은 특히 AR/VR 기술발전을 위해 저작권 제도를 개선한 국가이기도 한데, 2018년 저작권법 개정을 통해 AI의 학습, 가상현실 플랫폼 등과 관련된 저작물을 원활하게 이용하기 위한 정책을 도입하였다. 국내에서도 2019년 가상·증강현실 기술 산업발전을 뒷받침하기 위해, 촬영 등의 주된 대상에 부수적으로 다른 저작물이 포함되는 경우 저작권 침해면책 조항을 두는 것으로 저작권법을 개정한 바 있다.

중국은 국가 디지털 경제발전을 위한 첨단 산업 육성 측면에서 메타버스 지원 정책을 추진하고 있다. 2022년 11월 발표한 '가상현실과 산업의 응용 및 통합 개발을 위한 실행 계획('22~'26)'에서는 가상현실(AR·VR·MR)과 5G, AI, 빅데이터, 클라우드 컴퓨팅, 블록체인, 디지털 트윈 등 차세대 정보기술의 심층 통합과 '가상현실＋산업' 활용에 초점을 두고, 2026년까지 가상현실 산업의 총 3,500억 위안(약 66조 원) 달성을 목표로 하고 있다. 그리고 NFT에 대한 시장 과열을 막기 위한 규제가 본격화될 것으로 보인다. 특별히 XR과 관련해서는 중앙정부가 전략형 신흥산업 육성을 위한 XR 확대 정책을 펼치고, 지방 정부별로 지역맞춤형 XR 산업육성 정책을 수립, 추진하고 있다.

국내의 경우 최근 관련 법률안이 발의된 바 있으나 메타버스는 아직 입법 대상에는 포함되지 않았고, 정부 정책을 통한 지원이 시작되었다. 2016년부터 메타버스 구현기술인 AR/VR/XR 등의 연구개발, 융합, 콘텐츠 제작 지원, 인재 양성 등의 계획을 토대로 메타버스 실현을 위한 기술 투자와 정책 지원을 확대하였다. 2017년 12월 혁신성장동력 13대 분야 중 하나로 메타버스를 선정하였고, 2019년 범부처 실감콘텐츠 산업활성화 전략, 2020년 범부처 가상융합경제 발전전략 등, 메타버스 생태계 활성화를 위해 전략을 업데이트하며 발표하였다. 2021년 5월에는 과학기술정보통신부가 주축이 되어 국내 산업계와 협회 등을 주축으로 한 '메타버스 얼라이언스'가 결성되었다. 이것은 메타버스 관련 기기·네트워크·플랫폼·콘텐츠 기업들[6])이 모여서 기술 동향 공유, 법제도 정비방안 검토, 기업 간 협업을 통한 메타버스 플랫폼의 발굴·기획 등을 통해 메타버스 생태계 활성화를 위한 상호 협력을 논의하는 것을 목표로 한다. 또한 과학기술정보통신부는 메타버스 기업·개발자 육성을 위한 공간으로 '메타버스 허브'를 구축하여 운영하고 있다 (이준복, 2021, 60쪽). 2021년 7월 정부가 한국형 뉴딜산업 2.0을 발표하면서 메타버스가 초연결 신산업육성방안[7])에 포함되었는데, 초연결 신산업 육성을 위해 메타버스·블록체인 등 핵심 유망분야에 2025년까지 2조 6천억 원 규모의 예산을 투자할 예정이다. 또한 메타버스를 클라우드, 블록체인, 지능형 로봇, 디지털 헬스케어와 같은 국가 5대 신 성장동력 중 하나로 선정하고, 과학기술정보통신부, 문화체육관광부를 중심으로 가칭 메타버스 국가전략 방안을 수립하였다(권오상, 2021, 77쪽; 이승환·한상열, 2022, 6~9쪽).

　2021년 말 문화체육관광부는 2022년 168억 원 규모의 '메타버스 콘텐츠 제작 지원 사업'을 추진한다고 밝히고, 새로운 형태의 메타버스 플랫폼 사업에 대한 기업의 참여 지원을 추진하고 있다. 메타버스 산업발전을 위한

---

6) 네이버, 카카오, 현대자동차부터 통신 3사, CJ ENM과 라온텍, 맥스트, 버넥트 등의 기업이 참여하였다.

7) 2021년 7월 22일, 정부가 디지털 기반의 국가 혁신 프로젝트인 디지털뉴딜 성과를 전 국토와 산업 영역으로 확대하는 내용의 디지털뉴딜 2.0의 주요 정책 방향을 발표했는데, VR과 AR 분야에서 추진한 융합 프로젝트를 메타버스 플랫폼 구축 등으로 확대하는 것을 포함하는 신산업 전략 육성 정책을 내놓았다. <https://it.chosun.com/site/data/html_dir/2021/07/22/2021072201493.html> (2023년 5월 9일 최종접속).

'메타버스산업진흥법'[8]도 발의되어 정부와 국회 차원의 메타버스 산업발전에 대한 의지를 보여주고 있다(송선미, 2022, 1쪽). 또 2023년 4월에는 과학기술정보통신부가 메타버스를 통한 국가 주력산업의 수출 경쟁력 강화를 목표로 한 '디지털콘텐츠 글로벌 역량 강화사업'을 추진하기로 발표하였는데, 국내 메타버스, 가상융합기술(XR), 디지털콘텐츠 기업의 해외 수출과 판로 확보를 지원하기로 하였다.[9] 메타버스가 성장의 화두로 주목받으면서 정부가 메타버스 생태계 활성화를 위해 지속적 국가전략을 강화하고 있는 것을 볼 수 있다. 한편 NFT에 대해 금융 안정성과 소비자 보호를 위한 관리 감독을 강화하는 미국 사례에서 볼 수 있는 것처럼, 메타버스 관련 정책에는 산업 및 기술 관련 외에 이용자의 권리 보호와 책임에 관한 정책도 포함되어야 할 것이다.

가상현실 기술의 발전으로 인해 이미 사회·문화·경제적으로 많은 변화가 생겼지만, 현재의 저작권법과 정책은 기존의 패러다임에서 벗어나지 못하는 한계를 그대로 보여주면서 산업발전에 원동력이 되기보다는 걸림돌이 되고 있다. 현재의 오프라인·아날로그식 법규의 잣대를 온라인·디지털을 특징으로 하는 가상현실에도 동일하게 적용하는 것은 많은 문제를 야기할 수 있다. 가상현실의 발전이 거스를 수 없는 시대적 흐름이라고 한다면 향후 가상현실 산업을 선도하고 글로벌 기업과의 경쟁에서 앞서 나가기 위해 가상현실에 대한 이해를 바탕으로 정부 차원의 대응과 함께 가상현실 산업의 성장 환경 조성을 위한 법 제도적인 대책을 마련해야 할 것이다(박재원·유현우, 2016, 187~188쪽).

---

8) 의안번호 14458, 2022.1.11. 김영식 의원발의, 의안번호 14545, 2022.1.25. 조승래 의원발의.

9) 윤진우(2023). 과기정통부, 메타버스·XR 육성 '디지털콘텐츠 글로벌 역량 강화사업' 공모. 조선일보 2023. 4. 27. 자. <https://biz.chosun.com/it-science/ict/2023/04/27/KUSVHSJPYNAUFNVF7UVSFKN53Q/> (2023년 5월 9일 최종접속).

# 메타버스 내 콘텐츠 창작과
# 이용의 저작권 쟁점

# 03

# 메타버스 내 콘텐츠 창작과
# 이용의 저작권 쟁점

　온라인 플랫폼의 역사와 저작권 쟁점들을 돌이켜 보면, 사실 메타버스가 직면하는 문제들도 전혀 새로운 것이라고 보기 어렵다. 기술발전과 함께 온라인 플랫폼에서 다룰 수 있는 디지털 객체가 텍스트, 이미지, 오디오, 영상 등으로 점점 더 다양해져 왔고, 새로운 객체가 등장할 때마다 유사한 저작권 이슈들이 반복적으로 등장하고 있다. 어떻게 보면 그에 관한 다양한 해법들이 이미 제시되어 있다고도 볼 수 있다(이철남, 2023, 74쪽). 결국 메타버스라는 기술의 고유한 특성과 다른 온라인 플랫폼과 차별화되는 점을 잘 파악해서 그에 맞는 해결안을 찾아가는 작업이 요구된다.

## 1. 메타버스 내 콘텐츠
## 　창작과 이용의 특성 및 쟁점

　메타버스는 '공유'와 '참여'를 특징으로 한다. 이용자 모두가 함께 만들어 가는 공간이라는 점에서 메타버스 그 자체를 넓은 의미에서 이용자의 '공동저작물'[1]로 볼 수 있다. 메타버스가 제공한 창작 도구를 활용하여 이용

---

1) 메타버스 플랫폼 사업자가 만들어서 제공하는 창작 툴을 사용하여 만든 콘텐츠

자가 캐릭터, 옷, 신발, 헤어스타일, 가구, 집 등을 만들기 때문에, 메타버스는 일종의 창작 놀이터이며(손승우, 2021, 7쪽), 만들어 놓은 것을 즐긴다는 점에서 향유의 공간이기도 하다. 메타버스가 일반적인 가상공간과 다른 특징은 아바타를 통해 가상공간에서 다른 사용자와 실시간으로 체험을 공유하고, 연속적인 일상생활이 가능하며, 다른 메타버스와 연결할 수도 있고 가상과 현실을 연결할 수 있다는 점이다. 또한 설계자와 참여자들에 의해 공간이 채워지고 확장되어 갈 뿐 아니라 누구나 콘텐츠를 창작할 수 있어서 사용자 생성 콘텐츠를 실시간으로 생성하고 유통한다. 이에 생산과 소비를 위해 디지털 화폐가 통용되며, 그 과정에서 수익 창출도 가능하다(정완, 2022; 한혜원, 2008).

저작권은 인간의 사상이나 감정을 표현한 창작물에 대해 창작자에게 주어지는 권리이다. 메타버스의 특징 중에서 누구나 콘텐츠 창작자가 될 수 있다[2]는 점은 현실 공간에서 발생하는 저작권 문제가 메타버스라는 가상공간에서도 그대로 재현되면서 더 복잡한 양상을 띨 것이라는 점을 암시한다. 특히 콘텐츠가 새로운 방식으로 창작되고 활용되고 있어 예측하지 못했던 다양한 법적 쟁점이 예상된다. 예를 들면 메타버스 플랫폼 안에서 영화를 제작하고 이를 메타버스 안에서 상영하는 행위를 저작권법상 어떻게

---

의 경우 이용자와 플랫폼 사업자의 공동저작물로 보는 견해도 있다. 기존의 블로그 등의 플랫폼에서 플랫폼 운영자는 이용자창작에 특별히 관여하지 않고 단지 사용자 제작콘텐츠(User Generated Contents; 이하 UGC) 게시환경만을 제공했었다. 하지만 메타버스와 같은 새로운 플랫폼 운영자는 이용자의 창작을 적극 지원하므로, 그 결과 이용자들이 만든 콘텐츠는 순수한 UGC라기보다는 플랫폼과 이용자의 공동저작물로도 볼 수 있는 것이다. 개별 플랫폼의 이용약관에서 이와 관련된 내용을 다루기는 하지만, 3D 기반 플랫폼의 표준화와 상호운용성에 관한 논의가 진전될수록 향후 플랫폼/이용자 공동저작물에 관한 쟁점은 더 커질 것으로 본다(이철남, 2023, 68~69쪽).

2) 예를 들어 제페토의 크리에이터 플랫폼인 제페토 스튜디오를 활용하면 누구나 아이템과 아바타가 활동하는 공간인 월드를 제작하는 창작자가 될 수 있다.

보아야 할지 명확하지 않은 부분이 있다. 메타버스에서 전시의 개념도 유사한 쟁점을 안고 있다(송선미, 2022, 1~2쪽). 이렇게 메타버스에서는 현실세계에서 문제 되지 않았던 영역들이 새로운 쟁점으로 조명될 수도 있다. 이에 메타버스에서 저작권은 현실적인 문제로서, 메타버스에서 창작되는 콘텐츠에 대한 저작권이나 소유권 등을 어떻게 규정해야 하는지를 신중하게 검토할 필요가 있다.

카니엘과 베이츠(Karniel & Bates, 2010, pp. 453~454)는 세컨드라이프에서 지식재산권을 보호하고 창작활동을 증진하는 새로운 규칙을 만들기 위해 세컨드라이프에서 창작과정과 창작자와 이용자 간 이익 균형을 이해할 필요가 있다고 보았다. 그리고 세컨드라이프에서 저작물과 창작과정의 특징을 다음과 같이 설명하였다. 첫째, 이용자 대부분이 창작자들이다. 그러므로 세컨드라이프에서는 창작자들과 일반인 사이에 아주 강한 상호관계가 존재하면서 현실세계에서의 관계와 완전히 다른 양상을 보인다. 상호작용성, 세계관, 동시성 등이 메타버스의 대표적인 특성으로 손꼽히는 것도 그런 이유에서라고 볼 수 있다. 둘째, 가상세계의 많은 이용자는 혁신과 창작의 가치를 함께 지지하면서 창작의 자유와 저작물에 대한 개방적 접근을 원하지만, 동시에 자신들이 만든 저작물의 무단 복제로부터 일정한 보호를 받기를 원하기도 한다. 즉 가상세계에서 이용자는 저작권의 제한을 받지 않고 표현의 자유를 누리기를 원하면서도 동시에 저작자로서 누릴 수 있는 권리를 포기하지 않는다. 표현의 자유와 저작권이 서로 상충하거나 갈등관계에 놓일 수 있음을 시사한다.

셋째, 대부분의 창작과 발명은 주로 원저작물을 토대로 한 2차적저작물로서, 이용자들은 현실세계의 의상, 머리 스타일, 물리적 배경(풍경), 보석과 생활양식 등의 디자인을 복제하고 그것으로부터 영감을 얻기를 원한다. 따라서 메타버스에서 창작을 위해 사용하는 의상, 물리적 배경 등의 저작물성이 중요한 논의대상이 될 수 있다. 넷째, 이용자들은 현실세계로부터 얻은 이미지를 때로는 혁신적인 방식으로 때로는 그대로 복제하는 방식으로 가상세계에서 차용한다. 현실세계의 이미지도 저작물성을 인정받으면 저작권 보호 대상이므로, 이용자들이 저작권 침해로부터 자유롭기 위해서는 가상세계에서 이미지 이용 방식에 주목해볼 필요가 있을 것이다. 다섯째, 가상세계를 구성하는 풍경, 캐릭터, 빌딩, 의상, 보석, 기타 아이템 등은 기본적으로 컴퓨터 코드이다. 여섯째, 그와 같은 아이템의 복제물은 원본과 거의 유사할 수 있다. 일곱째, 넓은 의미에서 세컨드라이프 자체가 이용자 모두가 창작한 공동저작물이므로 저작자가 존재하지 않는다고도 볼 수 있어서, 저작권자를 확정하기가 쉽지 않다. 여덟째, 대부분의 창작물이 세컨드라이프에서 벗어날 수 없으며, 벗어날 경우 그 의미와 가치가 사라진다.

이렇게 볼 때 세컨드라이프에서 만들어진 창작물의 특징은 대부분 원저작물을 토대로 컴퓨터 코드로 표현되는 2차적저작물이며, 세컨드라이프 그 자체는 상호작용과 공동체적인 성격을 기반으로 한 공동저작물의 성격이 강하다. 또한 가상세계에서만 활용할 수 있고 그 가치가 발휘된다는 공간적인 한계가 그 특징이다. 이와 같은 세컨드라이프의 특징을 토대로 메타버스의 저작권 쟁점을 도출할 수 있을 것이다. 메타버스에서의 창작물이 다른 메타버스나 현실세계에서 사용되기도 하므로 반드시 하나의 메타버스 플랫폼으로만 한정되지는 않지만, 크게 메타버스 내 창작과정에서 발생하는 기존 저작물의 저작권 침해와 메타버스 내에서 창작되는 새로운 저작물의 저작권 보호가 메타버스의 주요 저작권 쟁점이 될 것이라고 본다.

학자들 대부분도 메타버스 구현에서 발생할 수 있는 저작권법적 쟁점으로 기존 저작물의 저작권 침해와 새로운 저작물의 저작권 보호의 문제를 제시한다. 정원준(2021)은 우선 공간정보나 건축저작물 등 현실의 지식재산을 가상세계로 유사·동일하게 옮겨서 구현할 경우, 모든 대상물에 대한 이용허락을 일일이 받는 것이 비현실적이므로, 저작권 침해 가능성이 있다고 보았다. 또한 대부분 메타버스 플랫폼이 창작 툴을 제공하여 이용자가 직

접 2차적저작물을 만들어 판매하는 것을 지원하므로, 아바타 자체의 저작
물성을 인정할 수 있는지와 같이 메타버스 내에서 생성된 창작물에 대한
저작권법적 보호 가능성도 쟁점이 될 수 있다고 주장하였다(6쪽). 같은 맥
락에서 김도경(2022)은 현실에 존재하는 물건, 풍경, 구조물, 미술, 사진,
장소 등을 메타버스의 가상세계에서 구현하는 경우 어느 범위까지 저작물
성을 인정할 수 있는지와 메타버스에서 안무저작물[3] 등을 구현하거나 뮤
지컬, 공연 및 콘서트 등을 개최할 때 발생하는 저작권 침해 문제와 함께
저작권 침해 면책을 인정할 수 있는지 등을 저작권 쟁점으로 지적하였다
(206쪽). 이주연(2022)은 저작권 쟁점으로 메타버스 내 창작자 간 저작권
침해 문제, 메타버스 내에서 현실세계의 저작물을 무단으로 이용(복제, 2차
적저작물작성, 전송 등)하는 경우와 그 역의 경우에서 저작권 침해 문제, 메
타버스 내 저작물 이용의 법적 성질의 판단 문제, 메타버스 플랫폼의 온라
인서비스제공자(Online Service Provider; 이하 OSP)로서의 책임 등을 제시
하였다(260~261쪽). 김승래·이윤환(2021)도 메타버스에서 이루어지는 창작
및 표현물에 대한 권리를 어떻게 정의하고 보호할 것인가에 대한 저작권법
의 문제, 메타버스에서 활용되는 아바타(캐릭터)의 지위 및 권리에 관한 법
적 보호 방안 등이 주요 쟁점이라고 보았다(50쪽).

　박태신·박진홍(2023)은 메타버스의 구현에서 제기되는 저작권법 쟁점을
현실의 지식재산을 가상세계로 유사·동일하게 옮겨서 구현할 경우의 권리
침해 가능성과 메타버스 내에서 생성된 창작물에 대한 저작권법 보호 가능
성과 이러한 창작물이 타인의 권리침해로 인정될 수 있는지와 같이 두 가
지 유형으로 구분하였다(168쪽). 메타버스는 다수의 창작자와 이용자가 상
호 커뮤니케이션하는 세계이며, 참여자가 자발적으로 세계를 구축하면서

---

[3] 메타버스 플랫폼에서 아바타와 같은 가상 인간을 통해서 창작성이 인정되는 안
　무 등을 구현하거나며, 전통춤 영역 내에서도 무단으로 전통춤을 복제하면 저작
　재산권 제한 사유에 해당하지 않는 한, 안무저작물의 복제권 침해가 성립될 수
　있다(김도경, 2022).

창작자가 되면서 동시에 저작물을 이용하는 소비자이기도 하다. 이에 저작물의 창작과 소비 단계로 나누어 쟁점을 정리하기보다는, 기존 논의를 토대로 저작권 쟁점을 메타버스 내 창작과정에서 발생하는 기존 저작물의 저작권 침해와 메타버스 내 새로운 창작물의 저작권 보호로 분류하여, 현상이나 사례별로 검토해 보기로 한다.

## 2. 메타버스 내 기존 저작물의 저작권 침해

메타버스는 추상적인 가상공간인 사이버스페이스보다 구체적으로 조성된 일정한 공간을 가리킨다(정완, 2022, 143쪽). 메타버스와 같은 가상세계에서는 현실세계의 저작물을 많이 사용하게 되는데 그 구현과정에서 현실세계 저작물에 대한 저작권 침해가 발생할 수 있으며, 메타버스 내에서 새롭게 창작된 저작물을 무단으로 이용함으로써 발생하는 저작권 침해 문제가 있을 수 있다. 이에 메타버스 내 저작권 침해 쟁점에 대해서는 현실세계의 저작물 이용으로 인한 저작권 침해와 메타버스 내 창작물에 대한 저작권 침해로 구분해서 살펴본다.

### 1) 현실세계 저작물에 대한 저작권 침해

메타버스는 현실세계를 모방하는 것이 그 개념적 본질이기 때문에 필연적으로 현실세계에서 권리로 보호되는 것들과 법적인 충돌을 초래할 가능성이 크다(박재원·유현우, 2016, 188쪽). 현실세계에 존재하는 다양한 콘텐츠가 가상세계로 시뮬레이션되는 과정에서 다양한 저작권 쟁점이 발생하는 것이다. 음악이나 공연, 영상 등에 관한 전형적인 저작권 쟁점들은 가상공간에서도 유사하게 나타날 것이므로 기존 법체계를 통해 문제를 해결할 수 있지만, 현실세계에서 저작권 보호를 받지 못했거나 현실적으로 저작권 침해가 문제되지 않았던 영역에 있어서는 가상세계로 이전되는 과정에 저작권 쟁점이 부각되는 경우가 있다(이철남, 2021, 468~469쪽). 기존의 저작권 침해는 무단 복제, 무단 이용에 해당하는 사례들이 많았다. 하지만 이제는 기존의 저작물을 활용하는 과정에서 저작권 침해 여부가 문제되는 일이 증가하고 있으며, AR/VR 산업은 기존의 저작물을 이용할 가능성이 무척 크다는 전제를 살피더라도 과거의 저작권 침해 양상과는 다른 쟁점들을 야기한다고 보아야 한다. 그렇다면 누군가의 권리를 보호하고 누군가의 이용행위를 인정하는 그 기준 역시 조금씩 변경될 필요는 없을지에 대해 새로운 논의가 이루어질 필요가 있다(백경태, 2023, 21쪽).

### (1) 메타버스 내 현실세계의 장소, 배경 구현

메타버스에 구현되는 건축물은 컴퓨터프로그램을 중심으로 건축저작물을 포함하는 미술저작물 등이 유기적으로 결합하는 방식으로 제작된다(정진근, 2022, 105쪽). 이에 메타버스와 같은 가상공간에 현실세계를 구현하기 위해서는 배경 구성을 목적으로 현실세계에 이미 존재하는 건축물이나 미술저작물 등을 사용해야 하는 경우가 많으며, 현실에서 존재하는 건축물이나 공간을 배경으로 하여 그대로 혹은 유사하게 구현하는 과정에서 현실환경을 복제하는 행위가 발생할 수 있다. 이것은 복제된 대상물의 저작물성 여부, 저작물의 유형, 부수적 이용 여부 등 저작물 이용의 인정 범위를 논의할 필요성을 제기한다. 이에 대해서는 메타버스 유형 중에서도 디지털 트윈과 관련된 저작권 쟁점을 중심으로 살펴보기로 한다.

### 가. 디지털 트윈과 파노라마의 자유

가상환경에 이미지나 정도 등 현실의 객체를 조합, 부가하는 증강가상의 과정에서는 현실환경의 복제가 이루어질 수밖에 없다. 메타버스 플랫폼 개발에서도 현실세계의 콘텐츠가 가상세계에 시뮬레이션 되는 증강가상 기술을 활용하는데, 대표적인 경우가 바로 디지털 트윈이다. 디지털 트윈이란 컴퓨터에 현실 속 사물의 쌍둥이를 만들고, 현실에서 발생할 수 있는 상황을 컴퓨터로 시뮬레이션함으로써 미리 결과를 예측할 수 있는 기술로, 최근 스마트시티 구현의 핵심적인 도구로 사용되기도 한다. 한마디로 물리적인 대상이나 물리적인 대상이 모인 생태계를 실시간, 가상으로 구현하는 것으로, IoT 센서를 활용해 현실의 특정 대상이나 생태계를 가상세계에 구현하고 이러한 데이터를 활용하여 AI를 통해 그 대상의 변화를 예측하고 실시간으로 관리하는 데 집중한 개념이다(송원철·정동훈, 2021, 9~10쪽).

메타버스 저작권 문제를 해결하기 위해서는 저작재산권 제한 사유로서 저작권 침해가 부정되는 사유를 보다 적극적으로 검토해야 한다. 메타버스 내에서 재현하는 디지털 트윈에 대해서는 파노라마의 자유를 적용하여 저작권 쟁점을 논의할 수 있다. 파노라마의 자유는 공공장소에 위치한 예술저작물을 사진 촬영하고 게시할 수 있는 자유 이용을 의미한다. 다시 말해서 공공장소에 영구적으로 설치된 공예, 조각, 회화, 건축, 사진 또는 기념물 등을 사진, 동영상, 또는 그림 등으로 복제하여 배포하는 방식으로 미술·건축·사진 저작물을 이용할 수 있는 자유이다. 저작권자의 허락을 받지 않고서도 자유롭게 이용할 수 있는 저작재산권 제한의 일종이다. 이것은 공공장소의 저작물 이용에 대해 저작권자가 저작권 침해로 대응하는 것을 제한하는 기능을 한다(김연수, 2020; 김도경, 2022). 파노라마의 자유에 대한 개념이 탄생하고 이를 처음으로 제도화한 국가는 독일로, 1876년 예술저작권법에서 그 기원을 찾아볼 수 있다. 이 법에서는 파노라마의 자유에 관한 저작재산권 제한 규정을 두고 있다(김연수, 2020; 최진원, 2008).

파노라마의 자유는 각 나라가 자국의 사정에 따라 다양한 형태로 입법화되어 운영되고 있다. 저작권법이 아닌 다른 법제에 입법되기도 하며, 저작권법에 입법된 방식이나 규율 방식도 다양하다(김연수, 2020, 7쪽). 독일을 비롯하여 영국, 미국 등의 국가에서는 파노라마의 자유를 저작권법에서 명문화하고 있다.[4] 누구나 자유롭게 볼 수 있는 저작물이라면 시공간의 상이성을 문제 삼지 않고 모두가 이를 즐길 수 있도록 해야 한다는 정책적 취지가 반영된 것이다(최진원, 2008). 미술저작물은 다른 저작물과 구분되는 특징이 있는데, 전시권이 주로 적용되는 저작물일 뿐 아니라 원본을 공개된 장소에 일반 공중을 상대로 빈번하게 전시하는 것이 일반적인 형태이며 저작권자와 소유권자가 다르다는 점에서, 어떤 저작물보다도 저작권자와 소유권자, 일반인 간의 이익 조정이 특별히 요구된다. 이런 미술저작물의 특성을 고려하여 저작권자와 이용자 사이의 이익형량을 통해 전시권 남용을 제한하려는 취지를 가진 것이 파노라마의 자유이다. 한마디로 일반 공중이 저작물을 향유해서 얻는 이익과 저작자의 권리 간의 조화를 위해 전시권을 제한하는 개념으로 이해할 수 있다(김지영·김인철, 2018; 최진원, 2008). 파노라마의 자유는 법률적인 용어가 아닌 일반적 용어이며, 앞에서 언급했듯이 국가별로 이를 법에 규정한 내용에 따라 허용 범위가 다른데, 이용 허용의 판단에서 이용행위의 성질보다는 이용 장소의 성격이 영향을 주는 특이한 저작재산권 제한에 속한다(김연수, 2020, 47쪽).

우리 저작권법에서도 파노라마의 자유를 명시하고 있다. 제35조 제2항에서 미술저작물등[5]의 원본의 소유자나 그의 동의를 얻어서 '개방된 장소에 항시 전시되어 있는 미술저작물 등은 어떠한 방법으로든지 이를 복제하여 이용할 수 있다'라고 규정하고 있다. 공공장소에서 미술저작물 등을 촬영할 수 있도록 함으로써 파노라마의 자유를 허용하고 있는 셈이다. 그 취지는 개방된 장소에서 항상 전시되고 있는 미술저작물 등을 복제하는 행위는 일상에서 자연스럽게 일어나는 행위인데, 이를 저작권으로 제약을 가하는 것

---

[4] 미국, 독일, 영국, 브라질 등에서 저작권법에 명문화함으로써 파노라마의 자유를 넓게 허용하는 반면, 프랑스, 이탈리아, 그리스, 벨기에 등의 국가에서는 파노라마의 자유를 좁게 허용하거나 인정하지 않고 있다(김연수, 2020; 김지영·김인철, 2018).
[5] 공표권에 관한 저작권법 제11조 제3항에 기초하면, 미술저작물·건축저작물 또는 사진저작물을 의미한다.

은 사회통념에 맞지 않고 이러한 이용을 허용하더라도 저작권자의 경제적
이익에 큰 해가 되지 않기 때문이다(오승종, 2020, 858쪽). 저작권법에서 파
노라마의 자유를 허용하는 핵심 요소는 '공중에게 개방된 장소', '항시 전
시', '복제하여 이용', 그리고 '판매 등의 목적 예외'이다. '공중에게 개방된
장소'의 성격에 대해 하급심6)에서는 불특정 다수인이 자유롭게 볼 수 있는
개방된 장소를 전제로 하였으며, 공중에게 개방된 장소인지는 일반 공중이
'쉽게 볼 수 있는 가능성'과 '자유로운 출입 가능성'을 기준으로 판단하였
다. 하지만 하급심 판례들은 '공중에게 개방된 장소'의 판단기준과 체계에
있어 일관성이 없음을 엿볼 수 있다.7) 파노라마의 자유도 예외가 있는데,
저작권법 제35조 제2항의 단서 조항에 따라 건축물을 건축물로 복제하는
경우, 조화 또는 회화를 조각 또는 회화로 복제하는 경우, 개방된 장소 등
에 항시 전시하기 위하여 복제하는 경우, 판매 목적8)으로 복제하는 경우에
는 파노라마의 자유가 적용되지 않는다.

파노라마의 자유 규정을 구성하는 요소는 장소적 범위, 설치의 지속성,
적용대상 저작물의 종류, 제한되는 저작재산권의 종류, 자유 이용의 목적,
자유 이용의 형태 및 방식 등으로, 이에 따라 허용 범위가 정해진다(김연수,
2020, 23쪽). 파노라마의 자유의 허용 범위는 국가별로 차이를 보이는데, 대
부분 옥외 전시로 제한되지만, 일부 국가에서는 공공 실내공간에 대한 권
리도 인정함으로써 옥내외를 구분하지 않기도 한다. 또 미술저작물 등이

---

6) 서울중앙지방법원 2007. 5. 17. 선고 2006가합104292 판결; 서울고등법원 2016.
  12. 1. 선고 2015나2016239 판결.
7) 예를 들어 달력 사진을 병원 복도에 전시한 사건에서는 공중에게 개방된 장소에
  옥내 장소를 포함하였으나(서울중앙지방법원 2004. 11. 11. 선고 2003나51230
  판결), 호텔 라운지가 문제가 되었던 사건에서는 옥내 장소를 인정하지 않았다
  (서울중앙지방법원 2007. 5. 17. 선고 2006가합104292 판결). 병원과 호텔이라
  는 장소의 성격이 고려되었을 것으로 예상된다.
8) 판매 목적으로 규정하고 있으므로, 영리 목적보다는 적용 범위를 좁게 해석할 수
  있다.

영구 설치된 경우에만 적용되지만 다른 국가의 법에서는 임시 전시물도 포함되며, 일부 국가에서는 3차원 작품의 복제만 허용하는 반면 다른 국가에서는 회화, 벽화, 모자이크와 같은 평면 작품까지 확대하여 적용하기도 한다(LaFrance, 2020, p. 618). 이렇게 국가별로 차이를 보이지만, 파노라마의 자유를 제공하는 대다수 국가는 방송, 영화, 사진 등의 방법으로 복제하는 것을 자유롭게 허용하고 있으며, 사적 이용은 물론이고 상업적인 목적의 이용도 자유롭게 허용하고 있다(김지영·김인철, 2018). 이에 반하여 우리 저작권법은 원본 소유자나 그의 동의를 전제로 개방된 장소에 항시 전시되는 원본에 한해 복제하는 방법으로만 이용할 수 있도록 제한하고, 판매와 개방된 장소에 항시 전시할 목적으로 복제하는 경우 저작물을 자유롭게 이용할 수 없다. 또한 국내 판례9)에서는 적용대상을 미술·건축·사진저작물로 한정하고 있으며, 전시의 경우 유형물 전시만을 인정하고 있어 가상화를 위한 인터넷 전시는 적용이 배제되는 해석상 한계가 있다(정원준, 2021, 8쪽). 한마디로 적용대상, 이용 방법이나 목적에 있어 파노라마의 자유를 누릴 수 있는 범위가 좁다고 볼 수 있다. 이에 김연수(2020)는 현행 저작권법이 변화하는 기술 환경과 문화예술 트랜드로 인해 다양화되는 저작물 이용 행태를 포섭하지 못하고 있음을 지적하면서, 적용 저작물의 확장과 공중에게 개방된 장소의 범위 확대, 그리고 '전시' 용어를 포괄적인 관람 제공을 의미하는 '설치' 등을 대체 용어로 사용할 것을 주장하였다.

메타버스에서도 파노라마의 자유를 적용하여 배경, 장소 등으로 자유롭게 복제할 수 있는 대상은 현실세계에 실재하는 일반 공중에게 개방된 장소에 전시된 미술저작물 등으로 한정된다. 그런데 미술저작물 등의 일부에 시, 소설 등과 같은 어문저작물이나 지도와 같은 도형저작물 등이 부수적으로 포함된다면 자유 이용 대상이 될 수 없다. 공정이용에 관한 저작권법 제35조의5와 같은 별도의 저작재산권 제한 사유에 해당하지 않는 한, 어문

---

9) 대법원 2010. 3. 11. 선고 2009다4343 판결.

저작물과 도형저작물의 복제권 침해가 곧바로 면책될 수는 없는 것이다(김
도경, 2022, 222쪽). 즉 파노라마의 자유는 "미술저작물 등"으로 한정되고
그 이외의 저작물 유형은 자유 이용의 대상이 되지 못하기 때문에 복제권
침해가 성립될 여지가 있다.

저작권 제도가 형성, 발전해 온 출판기술, 음반, 영화, 방송의 시대에서
는 한 명 또는 소수의 창작자가 현실세계를 말, 문자, 음, 영상 등의 아날
로그 수단으로 책, 음반, 비디오 등의 매체에 시뮬레이션한 가상세계에서
저작권 제도가 매우 중요한 역할을 담당했다. 하지만 디지털 네트워크 환
경을 기반으로 하여 현실세계를 디지털 기술로 시뮬레이션한 디지털 트윈
환경에서 다수의 창작자와 이용자가 상호 커뮤니케이션하는 세계에서는 기
존의 저작권 제도가 잘 작동할 수 있을지는 의문이다(이철남, 2021, 488쪽).
따라서 새로운 기술 환경인 메타버스와 같은 플랫폼 환경에서 이루어지는
다양한 저작물 창작과 이용 방식을 반영하기 위해서라도, 현행 저작권 제
도에서 파노라마의 자유의 허용 범위에 대한 충분한 검토와 이를 토대로
입법 개선이 뒤따라야 할 것으로 보인다. 입법론적으로는 일반 공중의 이
용이 저작자에게 얼마나 심대한 피해를 주는 이용인지를 고려할 수 있는
법조문을 도입할 필요가 있다. 파노라마의 자유라는 것이 정책적인 조항임
을 고려한다면 옥내/옥외나 유상/무상이라는 기준보다는 이로 인한 저작권
자와 이용자 간의 이익형량이 더 잘 반영될 수 있어야 한다(최진원, 2008,
22쪽).

## 나. 골프 코스 사건

메타버스를 구축하기 위해서는 가상세계의 특성상 현실과 전혀 다른 공
간을 구현하기도 하지만, 현실 공간을 그대로 서비스 내에 구현하기도 한
다. 메타버스의 개발과정에서 시뮬레이션할 수 있는 현실세계의 주요 콘텐
츠로는 패션, 가구, 인테리어 등의 응용미술과 건축물이 있다. 특히 디지털
트윈을 구현하기 위해서는 실제 건축저작물을 그 배경으로 사용하게 되는

데, 건축저작물은 저작권 보호 대상이므로 저작권자의 동의 없이 복제하거나 2차적저작물을 만든다면 저작권 침해 문제가 야기된다. 이를 논의하기 위해 국내 '골프 코스' 사건을 참고하고자 한다. 이 사건은 디지털 트윈 저작권 분쟁사례가 아니지만, 현실세계에 실존하는 장소나 건물을 메타버스와 같은 가상공간에서 구현한 행위의 저작권법적 성격과 저작권 침해 여부를 판단할 때 적용 가능한 사례로 많이 인용되고 있다.

'골프 코스' 사건에서는 원고인 골프장 소유주와 운영자가 운영하는 골프장 골프 코스의 구조, 모습이나 지형, 경관, 조경 요소, 설치물 등을 결합한 골프장의 종합적인 이미지를 무단 사용한 행위가 문제가 되었다. 이 사건에서 피고는 국내외 여러 골프장의 실제 모습을 촬영하고 그 사진 등을 토대로 사진과 3D 컴퓨터그래픽 기술 등을 사용하여 실제 골프장의 모습을 영상으로 거의 그대로 제작해서 스크린골프장[10) 운영업체에 제공했다.

이 사건이 제기하는 저작권 침해 문제를 풀기 위해서는 먼저 스크린골프장의 원저작물이라고 할 수 있는 골프장의 골프 코스가 저작권 보호 대상인지와 저작자를 검토할 필요가 있다. 1심[11)에서 법원은 클럽 하우스, 연결도로, 홀, 연못과 그 밖의 부대시설 등의 구성요소가 골프장 부지 내에서 배치되고 서로 연결됨에 따라 각각 다른 골프장들과 구별할 수 있을 정도로 창조적인 개성이 인정되므로 창작성을 인정하여, 골프장이 저작물에 해당한다고 보았다. 골프 코스를 구성하는 홀의 구성요소들이 서로 다른 점

---

10) 스크린골프는 VR을 이용해 실제 골프 필드와 같은 조건을 갖추고 옥외 골프장이 아닌 실내에서 골프를 즐기도록 하는 가상의 골프 게임이다. 우리나라가 세계 최초로 상용화에 성공한 기술이자 VR 체험의 대표적인 사례로, VR 기술을 활용하여 스포츠 및 게임산업과 ICT 기술을 결합한 대표적 융·복합형 콘텐츠이다. 실제 존재하는 국내외 유명 골프장들의 지형을 정확하게 실측하고 항공 촬영한 값에 근거하여 코드화된 컴퓨터 및 3D 그래픽을 통해 실제 골프 필드와 동일한 이미지를 VR 영상으로 재현하고, 사용자가 타격한 골프공의 움직임을 인식하여 실제 골프와 같은 경험을 제공한다(박재원·유현우, 2016, 193~194쪽).

11) 서울중앙지방법원 2015. 2. 13. 선고 2014가합520165 판결.

을 토대로 각 홀마다 독특한 특색, 즉 개성을 인정한 것이다. 다만 골프장이 어떤 저작물에 해당하는지 저작물 유형을 판단하지는 않았다. 그리고 골프장의 저작자는 골프장을 조성한 자이며, 이들의 허락을 받지 않고 골프장을 스크린골프와 같은 가상현실로 이용한 행위는 저작권 침해에 해당한다고 판결하였다. 스크린골프는 온라인 서비스에 해당하므로, 여기서 침해된 저작권 유형은 복제권과 전송권으로 볼 수 있을 것이다.

1심 판결에 대해 김인철(2016)은 골프장을 최초 조성한 업체를 저작자로 결정한 것은 창작자 원칙이라는 저작권의 기초를 고려하지 않았다고 보았다. 그리고 골프장의 기능성 여부를 전혀 판단하지 않았을 뿐 아니라 저작재산권 제한조항인 저작권법 제35조(미술저작물등의 전시 또는 복제)와 구 저작권법 제35조의3(저작물의 공정한 이용)을 적용하지 않음으로써 저작권 침해 판단의 기본 원칙을 지키지 않았고, VR 시대로 나아가는 현행 사업에 상당히 위험 요소가 되었다고 비판하였다. 저작자 판단의 기본 원칙을 위배했을 뿐 아니라 3D 골프 코스 영상과 같은 가상현실에 저작권법상의 파노라마의 자유 조항과 같은 입법을 적용하지 않았던 점을 판결의 한계로 본 것이다. 또한 골프장의 저작물성을 인정했다 해도 기능적 저작물이라는 특성을 다루지 않은 것을 문제점으로 보았는데, 저작물 유형이 차별적 창작성 판단기준의 적용 등 창작물의 저작물성 판단에 영향을 주며, 특히 기능적 저작물에 대해서는 창작성 기준을 일정한 수준 이상으로 엄격하게 적용하는 판결 성향을 보이기 때문이다.

이 사건의 항소심인 제2심[12])에서는 골프 코스를 조성한 건축주인 원고들이 저작권을 보유하지 않은 것으로 판단하여 저작권 침해라고 판단하지는 않았으나, 골프장 골프 코스가 저작권의 보호 대상이 될 수 있는지와 각 골프장의 골프 코스에 관한 저작권자가 누구인지 등을 저작권 쟁점으로 다루었다. 저작권 보호 여부를 결정하는 요건은 표현과 창작성이다. 법원은

---

12) 서울고등법원 2016. 12. 1. 선고 2015나2016239 판결.

각 골프장 골프 코스의 구성요소인 페어웨이, 러프, 그린 등이 기본적으로
잔디로 구성되어 있고 티박스 주변의 초목 등도 골프 코스의 구성요소인
점은 인정되지만, 골프 코스 구성요소의 배치 등은 자연적으로 이루어진
것이 아니라 골프장 설계자의 사상에 따라 이루어진 것이므로 골프 코스에
인간의 사상이 반영되어 표현되어 있다고 보았다. 골프 코스의 창작성에
대해서도 인정했다. 그 논거는 골프 코스는 각 홀의 구성요소가 그라운드,
페어페이 등으로 한정되어 있고 사람의 체력이나 골프 장비의 성능 등을
고려하여 규격이 결정되는 등 그 형태 등이 제한되지만, 골프 코스를 창작
한 저작자 나름대로 정신적 노력의 소산으로서의 특성이 부여된 표현을 사
용함으로써 저작자의 창조적 개성이 표현되어 있으므로, 단순히 일반 공중
의 자유로운 이용 영역(public domain)에 속하는 것이 아니라 저작권법이
보호하는 저작물에 해당한다는 것이었다.13) 즉 기능적 저작물의 기능적 요
소14) 이외의 요소로서 골프 코스를 이루는 개개의 구성요소가 아니라 골프
코스라는 공간 내에서 개개 구성요소의 배치와 조합을 포함한 미적 형상으
로서의 골프 코스의 전체적인 디자인에 다른 골프 코스와 구분될 정도로
설계자의 창조적 개성이 나타날 경우, 저작물로서의 창작성이 인정될 수
있다고 본 것이다.

　골프 코스의 저작물성에 이어 법원은 저작물의 성격을 살펴보았다. 건축

---

13) 예술성의 표현보다는 기능이나 실용적인 사상의 표현을 주된 목적으로 하는 기
　능적 저작물 또는 실용적 저작물은 기존에 알려진 아이디어나 정보, 사실 등을
　기초로 한 것이어서 독창적이라 할 수 없지만, 그러한 사항들을 전달하기 위하여
　저작자 나름대로 정신적 노력의 소산으로서의 특성이 부여된 표현을 사용하였다
　면 저작자의 창조적 개성이 표현된 창작물에 해당한다.
14) 골프 코스는 그린, 페어웨이, 티박스가 있고 대부분 적어도 하나 이상의 벙커 또
　는 샌드 트랩을 가지고 있다. 이러한 요소들의 모양과 크기는 다양할 수 있지만,
　몇몇 구성은 모든 골프장 코스의 창작과 디자인에 있어 필수적이다. 따라서 동
　요소들은 '필수장면의 원칙'과 마찬가지로 저작권의 보호가 제한되어야 한다(박
　재원·유현우, 2016, 200쪽).

저작물에 대해 저작권법에서는 정의 규정을 두고 있지 않으나,[15] 사법적인 해석이 존재한다. 골프 코스가 건축저작물에 해당하는지와 관련하여, 법원은 건축저작물[16]은 인간의 사상 또는 감정이 토지 상의 공작물에 표현된 저작물로서, 반드시 부동산등기법상의 건물이나 건축법상의 건축물[17]이어야만 하는 것은 아니며, 건축물은 집이나 사무실 건물과 같은 주거가 가능한 구조물은 물론이고 반드시 주거 목적이 아니더라도 어느 정도 사람의 통상적인 출입이 예정되어 있어야 건축저작물로 볼 수 있다고 설명하였다. 골프 코스는 건축저작물이며, 주거성과 실용성이 강한 기능적 저작물이라는 성격을 고려할 때 표현에 대한 제약성 등을 이유로 저작물성을 인정받기에 제한적이지만,[18] 역시 독자적인 표현과 창조적 개성 요건을 충족하면 저작물로서 보호받을 수 있다고 본 것이다.

또 2심 법원은 골프 코스의 설계도와 골프장의 저작자는 골프장 설계자

---

15) 저작물의 예시 등에 관한 저작권법 제4조 제1항의 제5호에서 건축저작물을 예시하면서, 건축물·건축을 위한 모형 및 설계도서 그 밖의 건축저작물을 열거하고 있을 뿐이다.

16) 건축물과 같은 건축저작물은 이른바 기능적 저작물로서, 건축 분야의 일반적인 표현 방법, 용도나 기능 자체, 저작물 이용자의 편의성 등에 따라 표현이 제한되는 경우가 많다. 따라서 건축물이 그와 같은 일반적인 표현 방법 등에 따라 기능 또는 실용적인 사상을 나타내고 있을 뿐이라면 창작성을 인정하기 어렵지만, 사상이나 감정에 대한 창작자 자신의 독자적인 표현을 담고 있어, 창작자의 창조적 개성이 나타나 있는 경우라면 창작성을 인정할 수 있으므로 저작물로서 보호를 받을 수 있다(대법원 2020. 4. 29. 선고 2019도9601 판결).

17) 건축법 제2조 제2호는 건축물을 토지에 정착하는 공작물 중 지붕과 기둥 또는 벽이 있는 것과 이에 딸린 시설물, 지하나 고가의 공작물에 설치하는 사무소, 공연장, 점포, 차고, 창고 그 밖에 대통령령으로 정하는 것으로 정의하고 있다. 그리고 건축기본법 제3조 제1호는 건축물을 토지에 정착하는 공작물 중 지붕과 기둥 또는 벽이 있는 것과 이에 부수되는 시설물로 정의하고 있다.

18) 건축물은 기능성 저작물이라는 특성을 고려하여 전체적인 외관에 상당한 미적 창작성이 있는 경우에만 보호받을 수 있다. 다른 예술적 창작물과 달리 높은 정도의 창작성을 요구하는 편이다(최경진·이병준·손승우·성준호·이정현·김도승·정연희·방소진, 2010, 145쪽).

들이라고 해석함으로써, 골프장을 조성한 건축주에게 원시적인 저작권이 귀속된다고 보고 저작재산권(복제권, 전송권) 침해를 인정했던 제1심과 차이를 보였다. 판결 논리를 살펴보면, 우선 골프 코스의 저작자는 창작자 원칙에 따라 설계자라고 보는 것이 타당하다고 보았다. 제1심 판결과 달리 창작자 원칙이란 저작권의 기본 원칙을 적용한 것인데, 저작권법[19])에서는 건축 모형이나 설계도에 따라 건축물을 시공하는 것이 복제에 해당한다고 규정하고 있으므로, 건축주가 설계도를 기초로 하여 그대로 골프 코스를 조성했다면 설계도에 관한 이용권만 가질 뿐이고 건축물인 골프 코스의 저작자를 설계자로 보아야 하기 때문이다. 다만 골프장이 리모델링 등으로 최초 설계도와 상당 부분 달라진다면, 실제로 조성된 골프 코스는 2차적저작물[20])로 볼 수 있으므로 건축주에게 저작권이 귀속된다고 보아야 한다.

골프 코스가 설계 도면을 원저작물로 하는 2차적저작물에 해당하기 위해서는 원저작물과 실질적 유사성을 유지하고 여기에 사회 통념상 새로운 저작물이 될 수 있을 정도의 수정·증감을 가하여 새로운 창작성을 부가하여야 한다.[21]) 이 법리에 따라 골프 코스별로 최초 설계자가 작성한 설계도를 단순히 복제한 것인지, 아니면 설계도를 변형하여 창작된 2차적저작물에 해당하는지를 살펴본 결과, 법원은 기본 도면과 다르게 별도의 설계에 따라 시공된 제1골프장의 인코스를 제외하고, 대부분의 골프 코스가 최초 설계도를 거의 그대로 시공하여 조성된 것에 불과하여 새로운 저작물이 될 수 있을 정도의 창작성이 부가되었다고 보기 어려우므로 2차적저작물에 해당하지 않는다고 판단하였다.

또 법원은 골프코스의 저작권자를 설계자 또는 그로부터 저작권을 양도받은 자라고 보았다. 이에 따라 원고들이 골프 코스 저작재산권을 보유하

---

19) 저작권법 제2조 제22호.
20) 2차적저작물은 원저작물을 번역·편곡·변형·각색·영상제작 그 밖의 방법으로 작성한 창작물로, 독자적인 저작물로서 보호된다(저작권법 제5조 제1항).
21) 대법원 2004. 7. 8. 선고 200418736 판결.

고 있다고 볼 수 없으므로, 골프 코스에 관한 저작재산권 침해를 인정하지 않았다. 결국 법원은 골프 코스가 건축저작물로서 저작권 보호 대상이 될 수 있다고 판단했으나, 골프 코스의 저작권자는 원고인 건축주가 아니라 설계자이므로 원고들의 저작권 침해 주장을 판단하지 않고 부정경쟁행위를 이유로 피고에게 손해배상책임만을 인정했다. 이것은 저작권자인 설계자들이 소송의 주체였다면 저작권 침해가 인정될 수 있었음을 시사한다.

다음으로 이 사건의 핵심인 3D 스크린골프 시뮬레이션 영상에 대해서는 골프장 골프 코스의 저작권 침해에 해당하는지, 그리고 침해라면 저작재산권을 제한하는 파노라마의 자유를 적용하여 논의할 수 있을 것이다. 법원은 3D 영상에 실제 골프장에 존재하지 않는 가로등, 분수대 등이 추가되었고 지형의 기울기와 형태에 약간의 차이가 있는 등 세부적인 차이점이 일부 존재하기는 하지만, 전체적으로 볼 때 골프장 골프 코스의 이미지와 3D 영상이 실질적으로 동일하거나 유사하다고 판단하였다. 실제 골프 코스를 3D로 구현한 영상이 건축저작물인 골프 코스를 단순히 복제한 것이 아니라 변형하여 만든 2차적저작물에 해당한다고 본 것이다.

다음으로 3D 영상에 대해서는 파노라마의 자유가 적용되지 않는다고 판단하였다. 그 근거로 법원은 입법 취지와 조문의 형식과 구조 등을 고려하여 미술저작물 등이 공중에게 개방된 장소에 항시 전시된 경우 어떤 방법으로든지 복제, 이용할 수 있다는 저작권법 제35조 제2항의 의미를 해석하였다. 먼저 '공중에게 개방된 장소'는 불특정 다수가 보려고만 하면 자유로이 볼 수 있는 개방된 장소를 말하는데, 골프장은 회원제로 운영되어 일반 공중이 자유롭게 출입할 수 있는 장소로 보기 어렵다고 보았다. 또 파노라마의 자유를 허용하는 입법 취지를 개방된 장소에 항시 전시된 미술저작물 등의 복제행위는 일상생활에서 자연스럽게 일어나는 행위이므로 이를 저작권으로 제한하는 것은 사회통념에 맞지 않고, 자유 이용을 허용하더라도 저작자의 경제적 이익을 크게 해치는 것은 아니라는 점에서 찾았다. 그리고 '복제하여 이용할 수 있다'의 의미가 그런 입법 취지를 넘어서는 적극적인 2차적저작물 작성행위까지 허용하지는 않는다고 보는 것이 타당하다고 해석하였다. 또한 이 사건에서 '항시 전시' 요건의 경우 진열 및 게시를 의미하는 전시 개념을 적용할 수 없다는 점도 지적할 수 있다. 따라서 개방된 장소에 항시 전시된 미술저작물 등을 어떠한 방법으로든지 복제하여 이용할 수 있도록 함으로써 미술저작물 등의 저작재산권을 제한하는 파노라마의 자유가 적용되지 않는다고 판단하였다.[22)]

한편 저작권법에서 파노라마의 자유와 같이 저작재산권 제한 규정을 두는 이유는 과도한 저작권 보호로 인해 대중의 공정한 저작물 이용이 저해되지 않도록 예외적인 이용을 인정하기 위한 것이다. 그런데 물리적 영역과 디지털 영역이 융합되는 새로운 환경에서는 법에서 열거하는 제한 규정이 새롭게 나타나는 다양한 상황을 다 포섭하기 어려우므로, 포괄적인 저작재산권 제한 규정인 '공정이용 일반조항'을 통해 저작권자의 이익과 저작물 이용자의 이익 간에 균형을 유지할 필요가 있다. 제2심 법원은 3D 골프 코스 영상 제작을 위해 골프 코스 이미지를 이용한 행위가 파노라마의 자유와 더불어 또 다른 저작재산권 제한 사유로서 공정이용에 해당하는지를 판단했다. 그 결과, 골프 코스 이미지의 영리적인 이용 목적, 3D 영상과 실제 골프 코스 이미지 이용 용도의 동일성, 저작물 이용의 비중과 중요성, 수요 대체성 등 골프 코스의 시장이나 잠재적인 시장에 미치는 영향을 종합적으로 고려할 때 공정이용에 해당하지 않는다고 판단하였다. 이상 판결에 기초하면, 각 골프장의 골프 코스는 저작권 보호를 받는 건축저작물에 해당하고 그에 대한 저작권은 골프 코스 설계자가 원시적으로 취득한다. 또한 3D 스크린골프 시뮬레이션 영상의 저작물 성격은 2차적저작물이며,

---

22) 이 사건의 최종심에서 대법원(대법원 2020. 3. 26. 선고 2016다276467 판결)도 골프 코스가 저작권법에 따라 보호되는 건축저작물에 해당한다는 원심과 동일한 취지로 판단하였고, 스크린골프장에서 배경지인 골프존을 무단으로 재현하는 행위는 부정한 경쟁행위로 민법상 불법행위에 해당한다고 판시하였다.

이에 대해서는 골프장의 특성상 파노라마의 자유를 적용하여 저작권 침해 책임을 면제할 수 없으며, 공정이용에도 해당하지 않는다.

실존하는 건축물을 3D 영상으로 재현한 행위에 관한 골프 코스 판결은 건축저작물을 배경으로 많이 사용하는 메타버스에도 적용될 수 있다는 점에서 주목할 만하다. 현실세계에 존재하는 저작물을 스크린골프처럼 VR에 구현하는 경우, 저작권 침해가 문제될 수 있다는 점을 보여준 것이다. 특히 골프 코스를 건축저작물로 보고 창조적 개성을 판단할 수 있는 요소들23)을 제시함으로써, 메타버스 내 구현된 건축저작물의 저작물성 판단 및 저작권 침해 판결에 적용할 수 있는 근거를 제공했다는 점에서도 의미를 찾을 수 있다. 결국 동 판결은 실제 현실세계에 존재하는 건물을 그대로 3차원으로 구현한 메타버스가 건축저작물 저작권을 침해한 것으로 인정될 수도 있다는 점을 보여준다. 이와 함께 현실세계 건축물을 메타버스와 같은 가상세계에서 이용하는 경우 파노라마의 자유와 같은 저작재산권 제한 규정과 공정이용 규정24)을 적용하여 논할 수 있으며, 반대로 가상세계 건축물을 현실세계에서 이용한다면 적용 가능성이 없다는 점을 시사하기도 한다.

이와 같은 판결의 의의에도 불구하고 학계의 비판적인 평가(김인철, 2016; 박재원·유현우, 2016; 손승우, 2010; 정원준, 2021; 최경진 외, 2010)도 존재한

---

23) 골프 코스는 골프 게임의 전개방식이나 규칙을 고려하여 결정되며 골프 코스 중 각 홀의 구성요소도 사람에 체력이나 골프 장비의 성능 등을 고려하여 그 형태 등이 제한된다. 또한 건축저작물은 건축물의 건축 과정을 통해 건축가의 창조적 개성이 충분히 건축물에 표현될 수 있어야 하며, 골프 코스는 기능적 요소 이외의 요소로서 골프 코스를 이루는 개개 구성요소가 아니라 골프 코스가 파지하는 공간 내에서 개개 구성요소의 배치와 조합을 포함한 미적 형상으로서의 골프 코스의 전체적인 디자인에 다른 골프 코스와 구분될 정도로 설계자의 창조적 개성이 드러나 있을 경우, 그 한도 내에서 그 저작물로서의 창작성이 인정될 수 있다고 보아야 한다(서울고등법원 2016. 12. 1. 선고 2015나2016239 판결).

24) 골프 코스 사건과 같이, 영리 목적으로 골프 코스를 복제하여 사용하였을 경우 저작권 침해가 인정될 가능성이 크다.

다. 첫째, 골프장 코스의 모형이나 설계도에 의거하지 않고 실제 골프 코스를 항공촬영한 후 3D 스크린골프 시스템을 만든 행위를 복제권 침해로 인정한 점이다. 이 행위는 저작권법에서 복제로 정의한 건축물 모형이나 설계도서에 따라 시공하는 행위에 해당하지 않으며, 3차원 그래픽은 저작권법에서 금지하는 현실의 건축물을 건축물로 복제한 행위에 포섭되지 않기 때문이다. 둘째, 스크린골프의 본질이 VR로 구현된 컴퓨터프로그램 코드라는 점이다. 실재하는 것과 같은 가상공간을 통해 현실과 같은 몰입감을 주는 것이 VR의 목적이자 핵심인데, 만약 저작권 보호를 이유로 이를 구현할 수 없다면 이는 VR 본연의 의미를 퇴색시키는 것이기 때문에 VR에서 건축저작물 구현행위를 저작권 침해로 귀결시키는 것은 옳지 않다는 것이다. 이에 건축저작물에 대해 파노라마의 자유를 넓게 인정하여 메타버스에서 현실세계의 건축저작물과 유사한 가상건물을 구축할 경우 저작권 침해를 소극적으로 인정할 필요가 있다는 견해(전우정, 2022, 135쪽)도 있다.[25] 한마디로 '골프 코스' 판결은 가상세계에 대한 충분한 이해를 토대로 하였다고 볼 수 없으며, 저작권 침해라 해도 파노라마의 자유와 같이 저작권 제한 사유로서 침해가 부정되는 사유를 적극적으로 검토하지 않았다는 점을 판결의 한계로 지적할 수 있다. 사실 저작권법상 파노라마의 자유가 어디까지 허용되는지 그 경계는 모호하다. '공중에게 개방된 장소'의 범위나 '판매의 목적으로 배포하는 경우'의 의미에 대해 학계에서 논의가 계속되고 있고,[26] '골프존 사건'과 같이 구체적인 분쟁사례를 통해 법원의 해석도 조금

---

25) 한편 가상세계에서 3차원 그래픽으로 구현된 거리는 사실상 컴퓨터프로그램에 해당하므로 해당 프로그램에 대한 저작권은 이를 직접 창작한 자에게 귀속되며, 이것은 현실세계의 유형적 재산과 달리 가상공간에서 프로그램 코드로 구현된 새로운 창작물로서 저작권이 독립적으로 발생한다(손승우, 2010, 259쪽)는 견해도 있다.

26) 가상세계에 구현된 3차원 그래픽은 건축물 자체를 복제하여 판매하는 것이 주된 것이 아니므로 판매의 목적으로 복제하는 것에 해당하지 않는다는 의견도 있다(손승우, 2010, 258~259쪽).

씩 나오고 있기는 하다. 하지만 제페토 등 새로운 플랫폼에서 구축되고 있는 배경 맵이나 정부 또는 지자체에서 구축하고 있는 '디지털 트윈' 등에 파노라마의 자유를 어떻게 적용할지에 대해 앞으로도 상당한 논의가 요구되며, 필요하다면 저작권법을 개정해야 할 것이다(이철남, 2023, 67쪽).

정리하면, 동 판결은 디지털 시대가 가져온 환경 변화를 반영하지 못하고 과거 아날로그 시대의 낡은 저작권법으로 대응한 구시대적인 사법적 판단이며, 저작권법 연구 측면에서도 아쉬움이 많다(박재원·유현우, 2016, 188쪽). 사실 스크린골프는 VR 기술의 일부분에 지나지 않고 현재의 메타버스 기술과 비교할 수 없을 수준이므로, 동 판결의 논리를 메타버스에 그대로 적용하기에는 다소 무리가 있다. 따라서 구체적인 사안에서 해당 플랫폼의 비즈니스 모델 등을 종합적으로 고려하여 개별적으로 판단할 사안이다(이철남, 2023, 68쪽). 그럼에도 불구하고 골프 코스 판결은 VR 영상 등의 변환에 대한 저작권 침해 판단기준으로 원용될 수 있을 것으로 보인다. 메타버스에서 현실세계 구현이 제기하는 저작권 쟁점을 논의할 수 있는 기본 법리를 제공하였으며, 앞으로 논의의 폭을 확장하는 데 이바지했다는 점에서 중요한 사례로 판단된다.

### (2) 메타버스 내 현실세계의 물건, 사물의 구현

가상공간은 물론이고 메타버스를 구현하기 위해 이용자가 아이템, 게임, 아바타의 외형 등을 창작하는 과정에서 현실에 실재하는 의상, 공간, 콘텐츠 등을 무단으로 사용하는 경우가 있다. 즉 현실에 존재하는 물건, 사물, 의복, 스타일 등과 동일하거나 유사한 가상 상품(virtual goods) 또는 디지털 아이템(아바타, 의복, 신발, 가방, 액세서리, 머리 스타일, 배경 등)을 제작할 경우, 저작권 침해 문제가 발생한다. 현실세계에서 대량생산되는 공산품을 도용하여 메타버스 내 아이템이나 상품으로 제작했다면 저작권 침해 책임을 부담할 수 있기 때문이다(김도경, 2022, 211쪽). 예를 들어 메타버스에서 세계적으로 유명한 운동화 브랜드를 그대로 모방하거나 변형하여 아바타의 신발 아이템으로 사용했다면, 저작권법상 복제권이나 2차적저작물작성권 침해의 소지가 있다.

　이렇게 메타버스 개발과정에서 가상세계에 시뮬레이션 될 수 있는 현실세계의 저작물로는 앞에서 살펴본 건축저작물 외에도, 패션, 가구, 인테리어 등의 응용미술저작물이 있다. 일반적으로 응용미술은 산업상의 이용 또는 기타 실용적 목적을 가진 미술작품을 말한다. 하지만 그 개념 범위가 저작권법상 응용미술저작물의 정의와 부합되는 것은 아닌데, 저작권법에서 정의하는 응용미술저작물은 일품 제작의 공예품 등과 그 물품과의 관계에서 '독자성'이 인정되지 않은 것을 포함하지 않는 제한적인 개념이다(이해완, 2019, 119쪽). 즉 저작권법에서 정의하는 응용미술저작물은 물품에 동일한 형상으로 복제될 수 있는 미술저작물로서, 그 이용된 물품과 구분되어 독자성을 인정할 수 있는 것을 말하며, 디자인27) 등을 포함한다. 대법원판결(2004)28)에 따르면, 넥타이 도안은 그 이용된 물품과 구분되어 독자성을 인정할 수 있다면 저작권법의 보호 대상인 응용미술저작물에 해당한다. 여기서 물품과 구분된 독자성이란 상품과 구분되어 그 자체가 하나의 독립적인 예술적 특성이나 가치를 가지고 있어야 함을 의미한다. 이렇게 볼 때 산업적인 목적으로 대량생산해서 이용할 목적으로 만들어지는 모든 응용미술이 저작권법으로 보호되는 것은 아니다.

　메타버스에서 시뮬레이션하기 위해 사용된 현실세계의 패션이나 가구가 저작권법의 보호를 받고 저작권 침해를 주장하기 위해서는 산업적 목적의 이용을 위한 '복제가능성'과 당해 물품의 실용적·기능적 요소로부터의 '분리가능성'이라는 요건을 충족해야 한다. 즉 메타버스 내에서 물품(넥타이,

---

27) 패션디자인은 일정 보호 요건을 갖추면 저작권법상 미술저작물 또는 응용미술저작물로 보호받는다. 의류 디자인의 경우 의류 자체는 실용품에 해당하기 때문에 통상적으로 의류 전체 디자인의 저작물성을 판단하기보다는 의류에 포함된 2차원의 그래픽 디자인이나 패턴의 저작물성을 판단하고 있다(박형옥, 2022, 268쪽).
28) 대법원 2004. 7. 22. 선고 2003도7572 판결.

가방 등)과 분리되어 동일한 형상으로 복제될 수 있는 창작성 있는 도안을 이용한 디지털 아이템이나 가상 상품을 제작했다면, 해당 응용미술저작물에 대한 저작권 침해 책임이 인정된다(김도경, 2022, 211~212쪽). 이것은 메타버스에서 도용된 패션이나 가구가 응용미술저작물 요건을 충족하여 저작물성을 인정받는다면, 시뮬레이션된 가상 이미지와 실질적 유사성과 의거관계가 성립할 경우, 패션이나 가구의 원저작자가 저작권 침해를 주장할 수 있음을 의미한다. 하지만 그렇지 않다면 디자인권이나 부정경쟁행위는 별론으로 하고 저작권 침해를 주장하기 어렵다. 국내 법원은 드라마에서 사용된 의상에 대해 창작성의 부재로 저작물성을 인정하지 않았으며,29) 가구 등을 포함한 3차원 물품에 대한 독자성이나 분리 가능성을 인정하지 않았고,30) 서적 표지와 같은 2차원 평면상의 디자인에 대해서도 저작물성을 인정하지 않았던31) 판결 성향을 보이고 있기 때문이다(이철남, 2021, 469쪽). 이에 기초하면 메타버스와 같은 가상세계에서 현실세계의 패션이나 가구를 구현하는 행위에 대해 저작권 침해책임을 묻기 위해서는 응용미술품이나 디자인에 요구되는 저작권법상의 요건을 충족해야 할 것이다.

### (3) 메타버스 내 공연과 음악저작권

2020년 9월, 세계적인 아이돌 그룹인 방탄소년단의 신곡인 '다이너마이트'의 뮤직비디오가 처음 공개된 공간은 사회관계 형성 집단활동형 메타버스이자 게임플랫폼인 포트나이트였다. 당시 온라인 공간에서 게임을 하던 회원들은 잠시 게임을 멈추고 신곡을 들으며 파티를 즐겼다. 메타버스에서는 실제 오프라인 공연이나 콘서트에서 하기 어려운 그래픽 효과와 같은 기술을 사용하여 몰입감이 높고 실감 나는 공연이나 콘서트를 할 수 있다는 이점이 있다. 이렇게 메타버스에서는 음악저작물의 제작, 유통은 물론이

---

29) 대법원 2012. 3. 29. 선고 2010다20044 판결.
30) 서울중앙지방법원 2006. 2. 9. 선고 2005노3421 판결.
31) 대법원 2013. 4. 25. 선고 2012다41410 판결.

고 공연도 가능하다. 특히 음악은 모든 콘텐츠 창작에서 필요로 하는 요소이므로, 메타버스에서 새로운 콘텐츠를 창작하거나 소비하는 과정에서 음악 저작권 침해 발생률이 높을 것이 예상된다. 메타버스 내부에서 사용되는 음악도 저작권을 가지므로, 가상세계로 시뮬레이션 되는 과정에서 오프라인에서 발생했던 전형적인 저작권 쟁점들이 유사하게 나타날 것으로 예상되는데, 기존의 법체계를 통해 문제를 해결할 수 있을 것이다. 예를 들어 메타버스 내에서 무단으로 음악저작물을 불특정 다수가 듣도록 재생하는 행위는 공중송신권을 침해하는 것이다.

　실례로 메타버스에 기반한 미국의 온라인 게임플랫폼인 로블록스를 상대로 음악저작권 침해소송이 제기된 바 있다. 2020년 6월 미국음악출판협회(National Music Publishers' Association)는 로블록스가 플랫폼에서 라이선스 계약 없이 가상 음악 재생장치를 통해 음악저작물을 무단으로 이용했다는 이유로 약 2억 달러 규모의 음악 저작권 침해 손해배상청구소송을 제기하였다. 로블록스에서는 사용자들이 블록 장난감 레고 모양의 아바타를 이용해 가상세계에서 스스로 게임을 만들거나 다른 사람이 만든 게임을 즐기는데, 비디오 게임이나 콘텐츠 제작에 활용하기 위해 로블록스에서 제공하는 음악 라이브러리에서 음악을 선택해서 활용할 수 있다. 이 과정에서 사용자는 자신의 컴퓨터에 음원을 다운로드한 후, 게임이나 콘텐츠용으로 다시 사이트에 업로드하게 되는데, 이때 로블록스 내 가상화폐의 추정가가 나온다. 작곡가, 작사가 및 음반제작사의 이익을 대표하는 단체인 출판협회 측의 주장은 로블록스가 사용자들이 음악을 업로드할 때마다 수수료 방식으로 수익을 창출하면서, 저작권 라이선스 계약을 체결하지 않고 음반제작사와 창작자들에게 저작권료를 지급하지 않는다는 것이다. 음악저작권자들은 로블록스가 자신들의 음악저작권을 침해할 수 있는 기능을 제공했고 이익을 위해 불법 음원 사용을 방치하고 있다고 주장했으며, 유니버설뮤직 퍼블리싱 등의 음반제작사도 로블록스가 이용자에게 판매하는 가상음악 재생

장치를 통해 음악이 무단 이용된다고 주장하였다(권단, 2021; 박소연·문예은, 2021; 채다희·이승희·송진·이양환, 2021).

하지만 2021년 9월 27일 출판협회와 로블록스는 소송을 중단하고 산업 전반적인 파트너쉽 계약을 체결했음을 발표하였는데, 향후 협회 소속의 모든 음악출판사가 각각 로블록스와 자유롭게 계약을 체결하는 방식으로 결정[32]하였다. 구체적인 합의 조건은 메타버스 내에 뮤지션과 작곡자들을 위한 플랫폼을 제공하고, 로블록스와 창작자가 라이센싱 계약을 체결할 수 있는 조건 등을 제공하는 것으로 알려졌다.[33] 로블록스 내에서 게임이용자가 선택하여 음악을 재생하는 새로운 방식에 대한 법원의 해석이 비슷한 서비스를 제공하는 메타버스 플랫폼과 저작권자들의 권리관계와 계약 문제를 정리해 줄 것으로 기대했으나, 당사자 간 합의로 아쉽게도 법원의 판단을 알 수 없게 되었다.

국내에서도 국내외 주요 음반기획사 및 유통사들로 구성된 한국음악콘텐츠협회가 2022년 1월 14일 보도 자료를 내는 것으로 로블록스의 케이팝(K-pop) 저작권 침해 문제를 제기하였다. 협회는 미국의 메타버스 게임인 로블록스의 케이팝 관련 게임방에 케이팝이 재생되고 있고 케이팝 아티스트의 로고와 사진이 무단 복제되어 이용되는 현상은 단순한 음악 저작권 침해를 넘어 케이팝 댄스에 대한 안무저작권, 아티스트의 이름과 로고에 대한 상표권, 아티스트 사진에 대한 퍼블리시티권 등의 지식재산권 침해를 의미한다고 주장하였다. 또한 로블록스 내에서 권리자의 허락을 받지 않은 채 아티스트 의상을 복제하고 팬클럽 응원봉을 판매하는 방식으로 수익을 창출하고 있다면서, 케이팝 관련 디지털 상품 판매에 대한 문제도 제기하

---

32) <https://www.nmpa.org/nmpa-and-roblox-strike-industry-wide-agreement/> (2023년 5월 9일 최종접속).

33) 박설민(2022), 다가오는 메타버스 시대, 저작권 문제는 괜찮을까. 『시사위크』, 2022. 1. 27. 자. <http://www.sisaweek.com/news/articleView.html?idxno=150681> (2023년 5월 9일 최종접속).

였다.34) 소송까지 가지는 않았으나, 메타버스 내 올바른 저작권 사용 환경
을 구축하기 위해 음원과 안무 등의 저작권 라이선스 계약의 문제를 짚고
넘어갔다는 점에서 의미를 찾을 수 있다.

한편 메타버스에서 오프라인에서 구현하기 어려운 그래픽 효과 등의 기
술을 사용한 몰입감 있는 음악 콘서트가 활성화되면서, 메타버스에 개최되
는 실시간 콘서트가 저작권법의 행위 유형 중에서 어디에 해당하는지가 또
다른 쟁점이 된다. 오프라인 공연은 음악저작물에 대한 공연권이 문제가
되지만, 온라인상의 공연은 영상물에 대한 전송권도 문제가 될 수 있다는
점에서 차이가 있다. 즉 오프라인 공연은 공연권 허락을 받으면 되지만, 콘
서트를 영상화해서 인터넷으로 제공한다면 영상물에 대한 전송권 허락으로
문제를 해결할 수 있다(고윤화, 2022, 58쪽; 김현숙·김창규, 2021). 그런데 메
타버스 내에서 이루어지는 실시간 콘서트는 사실상 저작권법상의 공연이라
고 보기 어렵다. 현행 저작권법상 '공연'은 동일 장소 또는 동일인의 점유
에 속하는 연결된 물리적 장소를 전제하기 때문이다. 공연의 장소적 제약
이라는 속성이 적용되지 않는 것이다.

메타버스 내 실시간 콘서트는 서로 다른 공간에 있는 공중이 수신한다는
점에서 공중송신의 개념을 적용해 볼 수 있다. 공중송신은 저작물, 실연·
음반·방송 또는 데이터베이스(이하 저작물 등)를 공중이 수신하거나 접근하
게 할 목적으로 무선 또는 유선통신의 방법에 의하여 송신하거나 이용에
제공하는 것을 말한다. 방송, 전송, 디지털음성송신을 포함하는 개념인데,
세 가지는 개념적으로 구별된다. 방송은 공중이 동시에 수신하게 할 목적
으로 음·영상 또는 음과 영상 등을 송신하는 개념이다. 전송은 공중의 구
성원이 개별적으로 선택한 시간과 장소에서 접근할 수 있도록 저작물 등을
이용에 제공하는 것을 말하며, 그에 따라 이루어지는 송신을 포함한다. 또

---

34) <http://k-mca.or.kr/board/board.php?bo_table=media&idx=755> (2023
년 5월 9일 최종접속).

디지털음성송신은 공중송신 중 공중으로 하여금 동시에 수신하게 할 목적
으로 공중의 구성원의 요청에 의하여 개시되는 디지털 방식의 음의 송신을
말하며, 전송을 제외하는 개념이다. 하지만 메타버스 내 실시간 콘서트는
쌍방향성을 가진다는 점에서 방송으로 보기 어렵고 실시간 송신이라는 점
에서 전송으로 보기도 어려우며, 음과 영상이 동시에 송신된다는 점에서
디지털음성송신으로도 보기 어렵다.[35] 결국 메타버스 내 실시간 콘서트는
동일 공간에 있는 사람들을 대상으로 하는 공연에 해당하지도 않을 뿐 아
니라 공중송신 개념으로도 포섭할 수 없다. 반면 김현숙·김창규(2021)는
실시간 온라인 콘서트는 저작권법상 공연이라기보다는 '방송'으로 해석해야
할 소지가 크며, 따라서 법적으로 공연사용료가 아니라 방송사용료라는 용
어가 적절하다고 주장하고 있다. 실시간 온라인 콘서트의 저작권법적 성격
에 대해 의견이 일치되지 않고 있음을 엿볼 수 있다. 메타버스 내 실시간
콘서트와 관련된 새로운 저작권 쟁점에 관한 논의의 필요성이 제기된다.

이와 관련하여 2022년 8월 23일 문화체육관광부는 온라인 공연을 기존
오프라인 공연을 온라인으로 하는 것을 의미한다고 단순 정의하고, 온라인
공연에 대한 새로운 음악저작권 사용료 징수기준을 포함한 한국음악저작권
협회의 징수 규정 개정안을 수정 및 승인했다. 개정안에서는 온라인과 기
존 오프라인의 공연사용료와 징수체계를 달리할 특별한 이유를 인정하기
어려우므로 매출액 정의와 요율을 오프라인 공연과 동일하게 규정했다(김
도경, 2022, 214~215쪽). 현재로서는 입법상의 미비로 메타버스 실시간 콘
서트에 대해 온라인 공연이란 명칭을 사용할 수밖에 없는 실정인데, 메타
버스와 같은 가상공간에서 개최되는 공연에 대한 새로운 개념 정의와 같이
이전에 등장하지 않았던 저작권 쟁점에 관한 해석과 판단이 요구된다.

---

35) 이런 점들을 고려하여 2021년 1월 도종환 의원 등이 '디지털동시송신' 개념을 도
입하자는 개정안(도종환 의원 등 발의)을 발의한 바 있다.

## 2) 메타버스 내 창작물에 대한 저작권 침해

메타버스 내에서 창작되어 사용되는 소프트웨어, 사진, 그래픽, 그리고 녹음물을 포함한 다수의 저작물도 저작권 보호 대상이다. 따라서 현실세계에 있는 배경이나 장소를 그대로 모방하는 경우뿐만 아니라, 메타버스 내 가상현실에서 새롭게 창작한 배경, 장소를 구성하고 있는 미술, 건축, 사진, 또는 조각의 경우에도 창작성이 존재한다면 저작권법상 보호 대상이므로 이를 무단으로 복제한다면 복제권 침해가 성립된다(김도경, 2022, 221쪽). 그러나 메타버스 내에서 발생하는 저작물의 불법복제를 단속하기란 쉽지 않은 문제이며, 광장 사진에서 뒷배경에 건축물이 포함되는 것과 같이 사소한 저작물 사용(de minimis)[36]이라면 저작권 침해를 입증하기 어려울 수 있다(Goossens et al., 2021, p. 12).

메타버스 내에서 이용자가 창작한 아이템, 가상공간, 게임 등의 콘텐츠는 판매를 통해 메타버스 내 통용되는 가상화폐 등으로 경제적 보상을 얻을 수 있으므로 저작권 분쟁이 증가할 소지가 있다. 대표적인 예로 메타버스를 통해 구현된 패션이나 가구 등을 창작자의 동의 없이 다른 가상세계에서 복제하거나 현실에서 구현할 수 있다. 메타버스에서 만들어진 패션이나 가구 등은 '물품'의 형태로 응용되기 어려워 저작권법상의 응용미술저작물로 인정하기 어렵다. 설계도나 모형에 가깝다고 보고 도형저작물이나 미술저작물의 일종으로 볼 수도 있으나, 반드시 창작성 요건을 충족해야 한다. 이에 따르면 현실에서는 응용미술저작물로 인정되지 않아 저작권법의 보호 대상이 아닌 의류, 가구 등이 메타버스 내에서 구현될 경우, 창작성 요건을 충족한다는 전제하에 저작권법상의 보호 대상이 될 수도 있다. 그러므로 이런 저작물을 허락을 받지 않고 다른 가상세계에서 복제하거나 현실에서 구현하는 경우 저작권 침해에 해당한다(박소연·문예은, 2021).

---

36) 법은 사소한 것에 관여하지 않는다는 원칙(Insei, 2006, p. 947).

이용자가 메타버스 내 창작된 다른 저작물과 동일한 것을 제작하여 실제 분쟁이 표면화되었던 대표적인 사례로 Alderman 사건(2007)[37]을 들 수 있다. 이 사건에서는 원고가 세컨드라이프에서 만들어 판매했던 가상 성인용 콘텐츠를 피고가 무단으로 복제하여 더 저렴하게 판매한 행위에 대해 원고는 저작권 침해 금지 및 손해배상소송을 제기하였다. 법원은 저작권 침해를 인정하였다. 메타버스가 제공한 창작 도구를 활용하여 만든 캐릭터, 옷, 헤어스타일 등의 무단 사용도 현실세계와 마찬가지로 저작권 침해 책임을 져야 한다는 점을 보여준 사례라는 점에서 의미가 있다.

## 3. 메타버스 내 창작물의 저작권 보호

메타버스와 같은 가상세계는 자연환경 건물의 외관과 아바타 및 그 의류, 헤어스타일, 가구, 예술작품 등의 디자인으로 이루어지는데, 그 모든 부분은 사실상 창작자가 통제하고 컴퓨터프로그램에 의해 제작된 창작물이다. 이론적으로 이러한 저작물은 컴퓨터게임이나 기타 시각적 저작물처럼 저작권법의 보호를 받는다. 다만 해당 사이버공간에 존재하면서 그 공간에서 주로 이용된다는 것이 오프라인상의 저작물과 다른 점이다(최경진 외, 2010, 140~141쪽). 메타버스 내에서 이용자들은 가상공간의 사물을 만들거나 공연을 하는 등 다양한 창작활동을 하는데, 이런 활동으로 인해 해당 창작물의 성격이나 권리의 귀속 및 제3자의 저작권 침해 주장에 관한 책임 귀속 관련 문제가 발생할 가능성이 있다. 따라서 메타버스 플랫폼 사업자는 자신의 서비스 구조에 적합한 저작권 귀속 및 저작권 침해주장과 관련

---

37) Eros, LLC, Linda Baca, Teasa Copprue, Shannon Grei, KasiLewis and De Designs, Inc. v. Simon, Complaint, <http://www.virtuallyblind.com/files/07_10_24 _eros_et_al_v_simon_complaint.pdf>.

된 사항을 사전에 약관이나 이용정책 등에 명확하게 정해 둘 필요가 있다 (장수연·김용희, 2022, 176쪽).

이를 위해서는 우선 해당 창작물이 저작권 보호를 받는 대상인지, 그리고 그런 보호를 받을 수 있는 요건이 무엇인지를 검토해야 한다. 메타버스 내에서 창작되는 콘텐츠의 구성요소는 매우 복잡하므로, 창작물의 저작물성을 이야기하기 위해서는 먼저 구성요소 자체의 저작물성 등 제반 사항을 고려할 필요가 있다. 또 현실에 존재하지 않는 새로운 객체를 창작할 수도 있는데, 해당 3D 객체가 일반적인 저작물성 기준에 해당하는지를 중심으로 판단하면 된다(권오상, 2021; 이철남, 2023).

## 1) 창작 아이템의 저작물성과 저작권 귀속

### (1) 창작 캐릭터

메타버스에서 이용자는 메타버스 서비스가 제공하는 장비, 소프트웨어 등의 제작 도구 또는 그래픽 툴(tool)을 이용하여 콘텐츠를 자유롭게 창작할 수 있다. 대표적인 콘텐츠로 캐릭터가 있다. 이것은 미디어를 통해 등장하는 인물, 동물, 사물에 특수한 성격을 부여해서 묘사한 것을 말한다. 캐릭터의 저작물성에 대해서는 의견이 나뉘고 있으나, 창작성이 있다고 판단되면 일반적으로 인정하는 추세이다. 대법원[38]은 캐릭터를 "만화, 텔레비전, 영화, 신문, 잡지 등 대중이 접하는 매체를 통하여 등장하는 인물, 동물 등의 형상과 명칭을 뜻하는 것"이라고 정의하고, 그 인물, 동물 등의 생김새, 동작 등의 시각적 표현에 작성자의 창조적 개성이 드러나면 원저작물과 별개의 저작물로, 저작권법으로 보호될 수 있다고 판시하였다.

메타버스에서 이용자가 만든 캐릭터는 플랫폼이 제공하는 픽셀이나 팔, 다리, 얼굴, 머리, 피부 등의 개별 신체 요소들의 선택과 조합의 결과물이다. 이때 결과물인 캐릭터의 저작권과 관련하여 저작물성을 이야기할 수

---

38) 대법원 2010. 2. 11. 선고 2007다63409 판결.

있다. 즉 캐릭터의 창작성이 인정되는지의 문제이다. 픽셀이나 개별 신체 요소의 선택과 조합의 결과물로 표현되는 캐릭터의 수가 아주 적거나 제한적이어서 여러 이용자가 만든 캐릭터 모습이 비슷하거나, 결과물 표현이 전형적이거나 기능적이므로 달리 표현될 방법이 없다면, 캐릭터는 창작성이 인정되지 않는다(권단, 2021). 표현 방법이 제한되어 있다면 창작자의 개성이 드러날 가능성이 적다고 볼 수 있으므로 저작물성을 인정받기 어려운 것이다. 이와 같은 판단의 근거로 적용할 수 있는 저작권 이론이 합체의 원칙이다. 이 원칙은 아이디어를 표현하는 방법이 한 가지만 있거나 표현 방법 외에 다르게 효율적으로 표현할 방법이 없는 경우, 그 표현에 대해 저작권 보호를 해서는 안 된다는 이론이다. 누가 창작해도 유사하게 표현될 수밖에 없는 극도로 제한적인 상황일 때 아이디어와 표현이 합체된 것으로 보고, 저작권 보호를 부정하는 이론이다(조연하, 2018, 46쪽). 반면 메타버스에서 이용자가 만든 캐릭터가 픽셀이나 개별 신체 요소의 선택과 조합의 수가 무한히 많아서 캐릭터 모양을 각기 다르게 표현하였다면, 각각 이용자의 독자적인 사상이나 감정이 시각적으로 표현되었다고 볼 수 있으므로 저작물성을 인정받을 수 있다.

다음으로 메타버스 내 창작 캐릭터와 관련하여 이야기할 수 있는 쟁점은 이용자와 플랫폼 중 누구를 저작자 또는 저작권자로 보아야 하는지이다. 메타버스 상의 캐릭터가 독창성을 가진다면 미술저작물로 인정될 수 있고 당연히 창작자에게 저작권이 발생한다. 그런데 메타버스에서 창작된 캐릭터는 머리, 얼굴, 팔, 다리, 피부 등 신체 요소의 개별 선택과 조합의 결과물이므로, 개별 신체 요소들을 제공하는 메타버스 플랫폼과 실제로 선택과 조합을 한 이용자 중 저작권이 누구에게 귀속되는지 따져볼 필요가 있다. 일단 픽셀이나 개별 신체 요소들에 대한 저작권은 그것을 제공한 메타버스 플랫폼에 있다고 보아야 한다. 그리고 메타버스 이용약관에 창작 캐릭터의 이용을 허락하는 규정을 둘 수 있지만, 상업적 이용을 약관에 규정하는 것은 약관법 위반의 소지가 있으므로, 메타버스 이용자들의 캐릭터 저작권과 상업적 권리는 원칙적으로 이용자에게 있다고 보아야 한다. 또 개별 신체 요소들을 조합해서 만든 결과물이라 해도 픽셀과 신체 개별요소와 실질적 유사성이 인정되지 않는다면, 캐릭터는 2차적저작물이 아닌 하나의 독립적인 저작물로 보아야 하며, 캐릭터 저작권은 그것을 만든 이용자에게 있다고 보는 것이 타당하다(권단, 2021; 정완, 2022).

정리하면, 캐릭터 창작에 필요한 도구인 픽셀과 신체 개별요소의 저작권은 그것을 이용자에게 제공하는 메타버스 플랫폼에 귀속되며, 그런 도구를 이용하여 창작된 캐릭터의 저작권과 그것을 상업적으로 이용할 수 있는 권리는 이용자에게 있다. 제페토 이용약관을 보면, "ZEPETO IP(Intellectual Property) 콘텐츠"를 ZEPETO 서비스를 구성하고 운영하기 위해 회사가 제작한 모든 제작물(월드, 아바타, 아이템, 영상, 이미지, 게임, 텍스트, 스토리, 그래픽, 음악, 라이브 방송, 문구 등)을 의미한다고 정의하고 있다. 단 시각적으로 확인 가능한 자료들을 대상으로 하며, 컴퓨터 등 정보처리장치 내에서 직, 간접적으로 사용되는 프로그램, 소프트웨어 등은 제외한다는 단서 조항을 두고 있다. 콘텐츠 저작권과 관련해서는 "사용자 콘텐츠"[39]에 대한 모든 저작권 및 기타 지적재산권은 사용자 본인에게 있으나, "ZEPETO IP 콘텐츠"에 대한 저작권 및 기타 지적재산권은 여전히 네이버 제트 주식회사에 있다고 명시하고 있다. 또 "사용자 콘텐츠"를 ZEPETO에 게시함으로써 사용자는 현재 또는 추후 개발되는 모든 미디어 및 배포 매체에 해당 사용자 콘텐츠에 대한 사용 권한을 회사에 부여한 것으로 간주하며, 마찬가지로 다른 사용자가 "사용자 콘텐츠"를 ZEPETO 플랫폼 내부 및 외부에서 사용할 때 회사 가이드라인에 따라 사용하는 것에 동의한 것으로 본다고 명시하고 있다. 이용약관에 따르면, 제페토 제공의 IP 콘텐츠를 이용하

---

39) "사용자 콘텐츠"는 "ZEPETO IP 콘텐츠"를 기초로 창작 또는 제작된 것으로 회사가 정한 가이드라인에 위반되지 않게 사용되어야 할 것을 명시하고 있다.

여 제작한 콘텐츠를 모든 미디어 및 배포 매체에서 사용할 수 있는 권한은 제페토에게 부여된다. 이용자 창작물의 저작권은 이용자에게 있지만, 플랫폼 운영자들이 그에 대한 포괄적인 라이선스를 부여받는 것으로 약관에 분명하게 명시함으로써 제페토 내 저작권 관련 분쟁에 대한 사전 예방효과를 기대하고 있다고 볼 수 있다.

이렇게 메타버스 플랫폼이 이용자 창작물 사용에 대한 포괄적인 라이선스를 부여받고 있어서,[40] 플랫폼이 제공한 아바타, 아이템, 공간 배경 등을 활용해서 창작한 이미지 또는 영상 콘텐츠 등을 외부의 다른 플랫폼을 통해 유통하고 이를 통해 수익을 창출한다면 저작권 분쟁이 발생할 여지가 있다. 예를 들어 메타버스 내 특정 장소를 배경으로 아바타가 어떤 활동을 하는 것을 영상 콘텐츠로 제작하는 경우, 이를 다른 동영상 플랫폼 등에 업로드하여 수익을 창출한다면 타인의 저작물에 대한 복제권 및 공중송신권을 침해할 수 있는 것이다(채다희 외, 2021). 이에 이용자 창작물의 저작권을 포함하여 메타버스에서 이용자와 플랫폼 운영자 간의 권리관계에 대해서도 충분한 검토가 요구된다.

메타버스와 같은 가상세계의 확산과 함께 디지털 휴먼 활용이 증가하고 있다. 메타버스 이용자가 창작한 가장 대표적인 캐릭터이자 디지털 휴먼이 바로 아바타이다. 이용자는 아바타를 만들어 자아를 표현하는데, 아바타도 창작성 요건을 충족하면 마찬가지로 저작권 보호를 받는다. 메타버스 내 창작물 중에서도 아바타는 단순한 복장이나 의류와 달리, 가상 캐릭터로서 독자적인 논의가 필요하다(최경진 외, 2010, 148쪽).

아바타는 가상사회(virtual community)에서 자신의 분신을 의미하는 시각

---

40) 로블록스 이용약관에서는 사용자들이 만든 게임 저작권을 사용자들이 갖되, 사용자 창작 게임을 로블록스가 서비스하는 것에 대해 포괄적 라이선스를 받는 것으로 규정하고 있다. 이와 같은 메타버스 플랫폼의 저작권 처리방식은 기존의 소프트웨어 플랫폼에서 애플리케이션의 권리관계 처리방식과 유사하다(이철남, 2021, 473~475쪽).

적 이미지를 의미한다. 원래 분신(分身), 화신(化身)을 뜻하는 아바타는 사이버공간에서 사용자 역할을 대신하는 애니메이션 캐릭터[41]로서, 가상과 현실의 나를 이어주는 매개이다(성선제, 2004, 85~86쪽). 사람의 형상을 표상한 아바타는 다양한 의상을 입는 색채적 감각을 가진 도화나 입체적 형상으로 볼 수 있다. 아바타 역시 사람의 정신적 노력으로 만들어진 창작적 표현물이다. 아바타를 저작물로 본다면 미술저작물의 일종이자 영상저작물의 일종이라고 할 수 있다. 아바타의 얼굴 형상은 창작의 형태를 가지는데, 각각의 개성을 가진 얼굴 형태를 가지고 있다. 이것이 사상이나 감정을 창작적으로 표현함으로써, 창작성이 있는 경우에는 저작물로 인정된다. 그러나 아바타나 아이템이 장식목적이 없고 '알기 쉽게'라는 콘셉트의 의미에 충실하고 단순하게 제작된 경우라면, 사상·감정의 창작적인 표현에 제약이 가해지는 것이어서 저작물성을 인정하기 어려울 수 있다(정연덕, 2008, 14쪽).

### (2) 의류, 신발, 모자 등

일반적으로 의류는 실용품으로, 특히 기능성이 강한 실용품이므로 의류 자체는 저작권 보호를 받지 못하고 의류에 포함된 그래픽 디자인이나 패턴의 저작물성을 판단한다. 그런데 메타버스 내에서 창작되는 의류는 현실세계 의류가 가지는 기능성이 필요하지 않다. 예를 들어 세컨드라이프의 아바타는 체온 유지가 되는지 또는 몸에 편안한지와 같은 기능성과 착용성을 고려하지 않아도 된다. 따라서 가상세계에서 의류는 현실세계와 달리 저작권 보호의 대상으로 고려해 볼 수 있다(최경진 외, 2010). 즉 메타버스 내에서 창작되는 아바타 의상이 실용성보다 장식적 표현의 측면이 강조된다면 저작권법으로 보호받을 가능성이 있는 것이다.

메타버스에서 이용자들은 현실의 자신의 가치를 대변하기 위해 의류, 신

---

41) 아바타는 '네트워크화'라는 인터넷의 특성을 잘 활용한 캐릭터 도구라고 할 수 있다(성선제, 2004, 86쪽).

발, 모자 등으로 개성 있는 아바타를 적극적으로 꾸미고 있다. 메타버스 내 창작자가 직접 제작한 아이템을 구매하는가 하면 명품 패션 브랜드 아이템을 메타버스에 입점한 콜라보레이션 샵에서 구매하여 자신의 아바타에 착용함으로써, 패션 브랜드에 대한 간접경험을 쌓고 새로운 디지털 아이덴티티에 대한 욕구를 실현한다. 컴퓨터 기술과 3D 소프트웨어를 사용하여 제작된 의류를 시각적으로 표현한 디지털 패션이 현실세계에서 미술저작물 혹은 응용미술저작물로 보호받는다면, 가상세계에서는 미술저작물로 보호된다. 그 근거는 저작권법에서 물품에 동일한 형상으로 복제될 수 있는 미술저작물이라는 응용미술저작물 정의 조항에 물품에 관한 정의나 요건이 명시되어 있지 않으며, 디자인보호법상 디자인권의 보호 대상인 물품에 3차원의 그래픽이 포함되지 않기 때문이다. 따라서 3차원의 아바타가 응용미술저작물 정의에서의 물품에 포함된다고 보기 어려우므로, 3차원 아바타가 입고 있는 가상패션(virtual fashion)[42]은 미술저작물로 보호할 수도 있다. 이렇게 메타버스에서 미술저작물로 보호되는 가상패션을 만약 현실세계에서 물리적 트윈인 실물 의류로 복제하여 판매[43]한다면, 응용미술저작물 법리를 적용하여 저작권 보호 대상이 될 수 있다(박형옥, 2022). 결국 메타버스 내에서 아바타가 착용하는 디지털 패션디자인이 가상공간에서만 사용된다면 미술저작물로 볼 수 있는데, 물리적 의류가 존재하는지에 따라 미술저작물 또는 응용미술저작물로 보호받을 수 있다. 그러므로 이용자가 메타버스 내에서 운영하는 상점에서 의류와 신발, 모자 등의 아이템을 구

---

42) 실제로 존재하지 않는 가상세계의 패션으로, 물리적 의류와 달리 아바타나 가상 플랫폼에서 사용하기 위해 온라인에서 입을 수 있도록 디자인되고 판매되는 디지털 전용 패션이다(박형옥, 2022, 275쪽).

43) 많은 패션 브랜드들이 메타버스 게임플랫폼 안에서의 디지털 패션 컬렉션과 물리적 세계의 패션 컬렉션을 연계시켜 이용자의 가상현실에서의 브랜드 경험을 물리적 세계로 확장시키고 있다. 나아가 이용자가 메타버스에서 구매한 디지털 패션 아이템을 매장에서도 실물로 구입할 수 있도록 실물세계와의 연계성을 강화하고 있다(박형옥, 2022, 257쪽).

매해서 아바타를 꾸민다면 저작권 침해가 발생할 가능성은 없으나, 구매하지 않고 캡처해서 사용한다면 복제권을 침해하는 것이고 이를 다른 메타버스 플랫폼이나 인터넷 공간에서 사용한다면 전송권 침해가 된다.

### (3) 가구, 공예품 등

메타버스에서 창작된 공예품, 가구 등도 현실세계에 구현하거나 혹은 다시 메타버스 세계에서 복제할 수 있다. 현실세계에서 가구는 기능적인 품목으로 분류되어 저작권 보호가 강하지 않은 편이지만, 가상세계에서는 아바타가 의자에 앉거나 침대에서 잠을 자야 하는 것은 아니므로 기능성이 없다고 볼 수 있다(최경진 외, 2010, 149쪽). 이에 메타버스 내에서 창작된 가구는 의류와 마찬가지로 기능성이 문제가 되지 않으므로 저작권 보호 대상이 될 수 있다.

메타버스에서 만들어진 공예품, 가구 등이 '창작성' 요건을 충족할 경우, 저작물 성격은 설계도 또는 모형에 가까운 도형저작물이나 미술저작물의 일종으로 볼 수 있다. 대법원[44] 해석에 따르면, 도형저작물은 예술성의 표현보다는 기능이나 실용적인 사상의 표현을 주된 목적으로 하는 이른바 기능적 저작물[45]로서, 기능적 저작물은 그 표현하고자 하는 기능 또는 실용적인 사상이 속하는 분야에서의 일반적인 표현방법, 규격 또는 그 용도나 기능 자체, 저작물 이용자 이해의 편의성 등에 의하여 그 표현이 제한되는 경우가 많으므로 작성자의 창조적 개성이 드러나지 않을 가능성이 크다. 또 동일한 기능을 하는 기계장치나 시스템의 연결 관계를 표현하는 기능적 저작물에 있어서 그 장치 등을 구성하는 장비 등이 달라지는 경우 그 표현이 달라지는 것은 당연한 것이고, 저작권법은 기능적 저작물이 담고 있는

---

44) 대법원 2005. 1. 27. 선고 2002도965 판결 등.
45) 특별한 기능을 주된 목적으로 하는 저작물로서, 특정한 기술 또는 지식·개념을 전달하거나 방법 또는 해법, 작업 과정 등을 설명한 것을 말한다(오승종·이해완, 2006; 이규호, 2010).

사상을 보호하는 것이 아니라 그 저작물의 창작성 있는 표현을 보호하는 것이므로, 기술 구성의 차이에 따라 달라진 표현에 대하여 동일한 기능을 달리 표현하였다는 사정만으로 그 창작성을 인정할 수는 없고 창조적 개성이 드러나 있는지를 별도로 판단하여야 한다. 표현방식이 제한되는 특성이 있는 기능성 저작물에 대해서는 아이디어와 표현의 이분법과 그것의 보충원리인 합체의 원칙 등을 적용해 창작성 기준을 일정한 수준 이상으로 엄격하게 적용하는 판결 성향(조연하·유수정, 2011, 111쪽)을 보여준다. 이런 성향은 메타버스에서 만들어진 공예품이나 가구의 창작성 판단에서도 기능적 저작물의 특성을 충분히 염두에 두고 창작성 판단에서 엄격하게 심사할 필요가 있음을 의미한다.

한편 메타버스에서 만들어진 공예품, 가구, 패션 등은 '실용품'에 응용되었다고 보기 어려워 '응용미술'로 인정될 수는 없겠지만, 별도의 '창작성'을 갖추었다면 미술저작물의 일종으로 취급될 가능성이 있다. 그 결과 현실세계에서는 '실용품으로 응용가능성'이나 '분리가능성'이 없어 응용미술저작물에 해당하지 않았던 창작물이 메타버스에서는 미술저작물로 보호되는(이준복, 2021, 65쪽; 이철남, 2021, 470쪽) 현상이 나타날 수도 있다. 지금까지 보지 못했던 새로운 현상이자 또 다른 저작권 쟁점이 될 수 있다는 점에서 주목할 만하다.

## 2) 2차적저작물 창작과 저작권

대부분의 메타버스 플랫폼은 이용자들에게 콘텐츠를 직접 제작하고 소비할 수 있는 환경, 일종의 창작 툴을 제공함으로써, 창작을 적극적으로 지원할 뿐 아니라 이용자가 2차적저작물을 만들어 판매할 수 있도록 지원한다. 게임플랫폼인 로블록스에서는 게임이용자가 플랫폼이 제공하는 인터페이스, 그래픽, 디자인, 데이터, 코드 등 저작권 보호를 받는 다양한 요소들을 활용하여 직접 게임과 아이템을 만들어 제공하는 게임 개발자가 된다.[46]

제페토에서도 이용자들이 창작활동에 활용하도록 텍스트, 그래픽, 이미지, 삽화, 디자인, 아이콘, 사진, 동영상 등 다양한 자료를 제공하고 아이템을 제작할 수 있는 '제페토 스튜디오'와 가상공간을 제작하는 '빌드잇' 기능을 제공하고 있어 이용자가 개발자나 크리에이터가 될 수 있다. 이용자가 제페토 스튜디오에서 아이템을 디자인하여 등록신청을 하면, 추후 심사를 거쳐 판매 서비스를 제공[47]한다(김광집, 2021; 박소연·문예은, 2021; 이철남, 2021; 정원준, 2021).

메타버스 내 창작콘텐츠 대부분이 2차적저작물이다. 메타버스 플랫폼이 제공한 자료의 저작물성이 인정될 경우, 이를 활용해서 이용자가 창작한 콘텐츠는 2차적저작물에 해당하며 하나의 독립적인 저작물로 보호를 받을 수 있다. 물론 플랫폼이 제공하는 자료들의 저작권은 플랫폼에 있다. 그러나 메타버스 플랫폼 운영자가 창작에 특별히 관여하지 않고 게시환경만을 제공했다면, 이용자 창작콘텐츠의 저작권은 이용자에게 귀속된다. 앞에서 살펴본 바와 같이, 제페토 이용약관에서는 사용자에게 제공하는 텍스트, 그래픽, 이미지, 삽화 등의 제페토 콘텐츠의 선택과 배치 등을 비롯하여 서비스에 포함된 모든 자료의 저작권은 제페토 운영사인 네이버 제트에 있고, 사용자가 창작한 콘텐츠의 저작권은 사용자에게 있다고 명시하고 있다.

한편 저작권자의 허락 없이 기존의 저작물을 증강현실 기기의 사용자 인터페이스에 맞게 변형하는 행위는 데이터 스크래핑에 따른 복제권 침해뿐만 아니라 수정 및 변형에 따른 2차적저작물작성권 침해 문제를 내포한다.

---

46) 2021년 현재 로블록스 이용자가 직접 개발한 게임이 5천만 개 이상이며, 약 8백만 명의 개발자들이 활동 중이다. 이렇게 직접 제작한 게임은 클라우드 기반으로 PC와 모바일 등 다양한 플랫폼에서 이용할 수 있다. 로블록스는 게임 개발자에게 수익의 70%를 지급하고, 아이템과 아바타 개발자에게는 발생 수익의 30%를 자체 디지털 화폐인 로벅스로 지급한다.

47) 수익은 로블록스와 마찬가지로 코인과 잼과 같은 자체 디지털 화폐를 통해 이루어지고, 추후 현실 화폐로도 환전할 수 있다. 2021년 현재 제페토의 창작자 수는 대략 6만 명이고, 사용자가 직접 만들어 거래되는 아이템이 80% 이상이다.

2차적저작물은 기존 저작물의 변경, 수정 또는 변형을 전제로 하므로 원저작물의 크기를 늘리거나 줄이거나 원저작권자가 의도한 목적과 다른 방식으로 저작물을 시각화하는 것도 2차적저작물작성을 구성할 수 있기 때문이다(박유선, 2017, 123쪽). 이렇게 볼 때 메타버스 내 창작환경의 특성상, 저작물 유형과 관련한 저작권 쟁점으로 2차적저작물에 관한 논의의 비중이 클 것으로 예상된다.

## 4. 메타버스에서 저작물 이용허락

타인의 저작물을 이용하려고 할 때 저작권 침해 책임으로부터 자유롭기 위해서는 기본적으로 저작권자의 허락을 받아야 한다. 저작물 이용허락(license)은 저작재산권자가 다른 사람이 저작물을 이용하는 것을 허용한다는 의사표시로, 저작재산권자가 저작재산권을 그대로 보유한다는 점에서 양도와 다른 개념이다(조연하, 2018, 91쪽). 저작권법[48])에 따라 이용허락을 받은 자는 허락받은 이용 방법 및 조건의 범위 안에서 그 저작물을 이용할 수 있다. 저작물의 무단 이용뿐 아니라 이용허락 방법 및 조건에서 벗어난 이용도 저작권 침해에 해당한다. 저작물이 생산되고 사용되는 공간인 메타버스에서도 기본적으로 저작권 문제가 발생할 수밖에 없으므로, 저작물 사용에 대한 이용허락이 필수이다.

저작물 이용허락을 받기 위해서는 저작재산권자와 계약을 체결해야 한다. 그런데 계약 당시 이용을 허락할 매체의 범위에 관한 명시적 약정이 없을 때, 이용허락을 받은 매체 범위에 새롭게 등장한 매체도 포함되는지가 문제가 된다. 저작물 이용 방법은 기술혁신과 비즈니스 모델의 발전에 따라 끊임없이 변화하는데, 저작물의 이용허락 계약에 새로운 이용 방법을

---

48) 제46조 제2항.

명시하지 않는다면, 이것이 당초 이용허락 범위에 포함되는지를 놓고 다툼이 생길 수 있는 것이다(임원선, 2020, 333쪽). 예를 들어 음악저작물을 LP(Long Playing) 음반에 수록하는 것을 전제로 이용허락을 체결했을 때, 계약 이후에 새로 나온 CD(Compact Disc)에 수록하여 배포하는 것까지 허락한 것인지가 문제가 된다. 메타버스에서도 이전에 이미 이용허락을 받은 저작물을 사용해야 하는 경우가 있다. 일부 라이선스는 메타버스 등장 이전에 계약이 체결되었을 수도 있다. 그렇다면 그와 같은 라이선스가 계약 체결 시 존재하지도 않았던 새로운 매체이자 기술인 메타버스에서 해당 저작물을 이용하는 것까지 허락한다고 보아야 할 것인가? 메타버스 등장 이전에 현실세계에서 저작물에 대한 이용허락을 받은 경우, 가상세계인 메타버스에서 콘텐츠를 만들고자 할 때 기존 이용허락권이 유효한지의 문제가 제기된다.

이처럼 이용허락을 받은 저작물을 새롭게 발명된 플랫폼에서도 적법하게 사용할 수 있는지는 결코 새로운 문제가 아니다. 과거에도 혁신 기술이 개발될 때마다 흔히 볼 수 있었던 현상이었다. 미국 법원[49]은 무성영화만 있던 시기에 저작물을 영화화하도록 허락한 것은 유성영화로 영화화하는 것까지 허락한 것으로 보아야 한다고 판시한 바 있다. 국내에서도 음악저작물을 LP에 복제해서 배포하는 것에 대한 이용허락이 나중에 등장한 CD에 수록해서 배포하는 것까지 포함하는지를 다룬 사건에서, 대법원[50]은 작사자, 작곡가, 실연자와 음반제작사 사이의 음반제작 계약을 비배타적 저작권 이용허락계약으로 해석하고, LP음반 제작 계약 시에는 상용화되지 않은 새로운 매체인 CD 음반으로 제작·판매한 것이 이용허락 범위 내에 포함된다고 판시하였다. 특히 CD가 LP 시장을 대체하고 잠식하고 있다는 점을 중요하게 고려하여 새로운 매체인 CD 음반에 대한 이용허락도 포함한 것

---

49) L.C. Page & Co. v Fox Film Corp., 83 F.2d 196(2d Cir. 1936).
50) 대법원 1996. 7. 30. 선고 95다29130 판결.

으로 해석하였다. 당사자의 새로운 매체에 대한 지식, 경험, 경제적 지위, 진정한 의사, 관행 등을 고려하고 사회 일반의 상식과 거래의 통념에 따른 계약의 합리적이고 공평한 해석의 필요성을 참작하며, 새로운 매체로 인한 경제적 이익의 적절한 안배의 필요성51) 등을 종합적으로 고려하여 사회정 의와 형평의 이념에 맞도록 해석해야 한다는 것이 판결의 근거였다. 결국 분쟁의 대상이 된 새로운 매체에서 발생하는 이익을 누구에게 귀속시킬 것 인가의 문제를 중요하게 다룬 것이다. 저작물 이용허락 계약 시 이용이 허 락된 매체 범위를 명시적으로 약속을 하지 않았을 때 새로운 매체에서의 이용도 허락했다고 볼 수 있는지를 다룬 이 판결은 메타버스와 같은 새로 운 매체에 적용될 수 있다는 점에서 함의를 찾을 수 있다.

반면, 학회지에 실린 학술논문을 데이터베이스로 제작해 판매한 행위에 대해, 법원52)은 "일반적으로 저작자가 자신이 소속된 학회가 발행하는 학 회지 또는 간행물에 저작물을 게재하는 경우, 별도의 약정이 없더라도 저 작자로서는 일정 범위 내에서 해당 저작물의 이용을 허락하였다고 볼 여지 가 있으나, 그 이용허락의 범위는 통상 학회지나 간행물의 발간 목적에 부 합하는 범위에 국한된다고 할 것이며, 이 사건의 전송서비스와 저작물을 데이터베이스로 구축하고 나아가 이를 유료로 제공하는 행위는 그 이용허 락 범위를 넘어서는 것"이라고 판시하였다. 미국 사례로 신문이나 잡지 게

---

51) 만일 계약 당시 당사자들이 새로운 매체의 등장을 알았더라면 다른 내용의 약정 을 하였으리라고 예상되는 경우인지, 새로운 매체가 기존의 매체와 사용, 소비 방법에 있어 유사하여 기존 매체 시장을 잠식, 대체하는 측면이 강한 경우이어서 이용자에게 새로운 매체에 대한 이용권이 허락된 것으로 볼 수 있는지, 아니면 그와 달리 새로운 매체가 기술혁신을 통해 기존의 매체 시장에 별다른 영향을 미치지 않으면서 새로운 시장을 창출하는 측면이 강한 경우이어서 새로운 매체 에 대한 이용권이 저작자에게 유보된 것으로 볼 수 있는지 등이 있다.
52) 서울고등법원 2008. 3. 12. 자 2007라872 결정; 다만 데이터베이스 서비스로 인 한 피해가 본안 소송을 통해 충분히 전보될 수 있고 단기간 내에 회복할 수 없는 손해가 발생한다고 볼 수 없다는 등의 취지에서 가처분 신청은 기각되었다.

재를 목적으로 기사 작성에 관한 기고 계약을 체결했는데, 기고한 기사를 DB 서비스업체에 데이터베이스화해 인터넷으로 서비스하도록 허락할 수 있는가에 대해서도 기고 계약에 이런 사항이 포함되는 것으로 보기 어렵다는 판례53)가 있다(임원선, 2020, 333쪽). 또 저작물을 종이책 형태로 발행하는 것만 허락한 출판사가 디지털 도서인 전자책으로 제작, 유통한 사건에서, 미국 법원54)은 애당초 계약에서 "종이책 형식"으로만 저작물을 제작할 수 있도록 허락했으므로, 전자책 발행은 출판사의 저작물 이용허락 범위 밖이라고 판결하였다. 이처럼 엇갈린 판결을 놓고 볼 때 획일적으로 결론을 내리기 어렵다. 결국 계약에서 이용허락 범위를 명확하게 명시했는지, 구체적인 이용허락계약을 어떻게 해석하는가에 따라 달라지는 문제이다.

음반을 LP 형태로 출시하는 것에 대한 동의가 CD 형태의 출시에도 동의한 것으로 볼 수 있는지가 문제 되었던 것처럼, VR 또는 AR 서비스의 경우도 이용허락 계약 당시에는 VR 또는 AR 서비스 이용과 같은 새로운 기술을 감안하지 못했을 것이고, 기존의 사용허락 안에 이런 방식의 이용이 포함되는지가 문제 될 수 있다(김병일, 2021, 8쪽). 손으로 쓴 각본에 대한 저작권 이용허락 계약이 혁신 기술인 NFT도 포함하는지에 관한 최근의 법적 분쟁55)에서 볼 수 있듯이, 혁신 기술을 미리 예견하는 것은 매우 어렵다. 메타버스도 예측 불가능한 기술혁신의 하나이다. 메타버스 내에서 디지털콘텐츠를 창작하기 위해서는 필연적으로 저작물을 이용해야 하므로 콘텐츠 창작자들은 이런 특별한 문제에 직면할 수밖에 없는데, 기존에 받았던 저작물 이용허락 조건에 메타버스와 같은 새로운 매체에서 저작물을 이용

---

53) New York Times Company, Inc. v. Tasini, 533 U.S. 483(2001).

54) Random House, Inc. v. Rosetta Books LLS, 150 F. Supp. 2d 613(S.D.N.Y. 2001).

55) Kal Raustiala & Chris Sprigman, *Guest Column: Tarantino vs. Miramax—Behind the NFT 'Pulp Fiction' Case, and Who Holds the Advantage,* The Hollywood Reporter (Nov. 24, 2021), <https://www.hollywoodreporter.com/business/digital/tarantino—miramax—pulp—fiction—nft—1235052378>.

하는 것도 포함되는지를 확실히 할 필요가 있다(Goossens et al., 2021, p. 12). 나노배쉬빌리(Nanobashvili, 2022)는 저작물 이용허락 계약에서 누가 메타버스에서 저작권 라이선스를 가지는지에 대해 신중하게 작성할 것을 강조했는데, 메타버스의 개념 정의가 여전히 불분명하므로 메타버스의 기존 또는 향후 정의에 해당하는 가상 플랫폼에서 가능한 저작물 이용허락을 다 포괄하기 위해 메타버스를 광범위하게 정의할 필요가 있다고 주장하였다(p. 244). 저작권 입법정책에서 미래 기술에 대해 최소한의 대비가 필요하다는 취지로 해석할 수 있을 것이다.

한편 저작물의 직·간접적인 복제와 혁신을 통해 창작물이 양성되는 VR의 특성상, VR과 관련한 다양한 창작물을 만들어 내기 위해서는 저작물 이용자의 권리를 인정하고 저작물 이용허락을 받아야 한다. 이에 메타버스 구현의 중요한 기술인 VR 산업을 활성화하고 메타버스에서 저작권 분쟁을 줄이기 위해서는 저작물 이용허락 표시가 필수적인데, CCL(Creative Commons License)과 같은 제도를 활용할 필요가 있다. 메타버스와 같이 개방을 바탕으로 한 창작환경에서는 현실세계의 엄격한 라이선스 방식보다는 저작물에 대한 개방적 접근을 확대하는 편리한 라이선스 방식이 적합하기 때문이다(박재원·유현우, 2016, 216쪽; 손승우, 2021, 7쪽). CCL이란 일정한 이용방법을 지키는 조건으로 자신의 저작물을 다른 사람들이 자유롭게 이용할 수 있도록 허락하는 제도이다. 별도의 허락을 구하지 않고서도 저작자가 제시한 이용방법을 지키면 저작물을 자유롭게 이용할 수 있는 일종의 오픈 라이선스 개념이다. 저작물 창작자의 권리를 지키면서 동시에 자신의 창작물에 대한 자유로운 공유를 도모할 수 있다[56]는 점에서 매우 유용한 제도라 할 수 있다.

---

56) 과거 세컨드라이프는 콘텐츠의 안전한 이용을 위해 CCL을 적용하여 창작의 편리성과 침해 우려로부터 안정성을 도모하였다(손승우, 2021, 7쪽).

## 5. 부수적 복제
## 면책조항의 적용

AR, VR 등의 기술을 활용하는 메타버스 내 저작재산권 제한 관련 쟁점으로 저작물의 부수적 복제에 주목할 필요가 있다. 사전에 따르면, '부수적 이용'이란 주된 이용에 붙어서 따르는 이용 형태를 의미한다. 사진이나 영상을 촬영할 때 주된 피사체 배경에 있는 미술작품이나 캐릭터가 부수적으로 촬영되거나, 길거리에서 영상을 녹화하는데 그 거리에 울려 퍼지고 있는 음악이 부수적으로 녹음되는 경우가 있다. 이때 사진이나 영상을 촬영한 행위는 그림이나 캐릭터에 대한 복제권을 침해한 것이고, 이것을 다시 블로그나 유튜브에 업로드한 행위가 전송권을 침해했다고 주장할 수도 있다. 그러나 이렇게 부수적으로 촬영되거나 녹음된 저작물을 놓고 저작권을 침해했다며 제약을 가한다면, 우리 일상생활이 매우 불편해질 것이다. 게다가 가상현실이나 증강현실 기술이 발전함에 따라 관련 기기를 활용하는 과정에서 부수적으로 다른 저작물이 포함되는 경우가 많아질 것이 분명한데, 다른 활동에 부수적으로 발생하는 저작물 이용이 질적으로나 양적으로 사회 통념상 경미하다면 저작권을 엄격하게 관철하는 것은 적절하지 않다(오승종, 2020; 임원선, 2020).

이와 같은 저작물의 부수적 이용에 대한 비합리적인 문제를 해결하기 위해, 유럽연합[57]과 영국, 독일, 일본 등 몇몇 해외국가에서는 입법에서 저작재산권 제한 사유로 부수적 복제를 명시적으로 인정하고 있다. 먼저 베른협약은 '부수적 이용'을 직접 규정하지 않고, '시사보도를 위한 저작물의 이

---

57) 유럽연합의 정보사회지침은 회원국들이 복제권 및 공중전달권 등에 대한 예외나 제한을 둘 수 있는 경우로서 '저작물 또는 기타 대상물이 그 밖의 자료에 부수적으로 포함되는 경우'를 규정하고 있다(제5조 제3항(i)). 여기서 '부수적'의 의미는 포함된 대상물이 포함하는 것과의 사이에 주목할 만한 관계가 없어서 어떠한 중요성도 없어야 한다는 것을 의미한다.

용'58)을 규정하고 있다. 비록 시사보도를 위한 이용에 한정되지만, "~과정에서 보이고 들리는"이라는 표현을 사용함으로써 부수적 이용으로 확장될 가능성을 내포한다. 각국의 입법례를 보면, 영국(음악 이외의 저작물),59) 독일60)은 부수적 이용의 요건으로서 법조문에 우연성은 요구하지 않고 부수적이기만 하면 부수적 이용을 인정하며, 영국(음악저작물), 캐나다는 우연성과 부수성을 모두 요구하고, 일본61)은 우연성은 요구하지 않으나 부수적 이용의 정도에 있어 경미성을 요구하는 입법례이다. 부수적 이용의 요건으로 비영리성을 요구하는 입법례는 존재하지 않아서, 영리적으로 이용되는 경우라도 부수적 이용 요건만 갖추면 저작권이 제한된다. 이에 비해 미국은 일반 조항인 공정이용 조항에 따라 부수적 저작물 이용을 판단하며, 프랑스62)는 판례로 부수적 이용 여부를 판단함으로써 부수적 저작물 이용을

---

58) 사진·영화·방송 또는 유선에 의한 공중에의 전달을 통하여, 시사 사건을 보도하고자 하는 목적으로, 그 사건의 과정에서 보이고 들리는 문학·예술 저작물을 보도의 목적상 정당화되는 범위 내에서 복제하고 공중에 제공하는 조건은 동맹국의 입법에 맡겨 결정한다(제10조의2 제2항).

59) 저작물의 저작권은 미술저작물, 녹음물, 영화, 방송에의 부수적 포함에 의해서는 침해되지 아니한다 등(저작권법 제31조).

60) 저작물이 복제, 배포, 혹은 공개재현의 본래 대상 이외의 것으로서 중요하지 아니한 부수적 저작물로 볼 수 있는 경우에 그 복제, 배포 및 공개재현이 허용된다(저작권법 제57조).

61) 사진 촬영, 녹음 또는 녹화(이하 "사진의 촬영 등")의 방법에 의하여 저작물을 창작함에 있어, 당해 저작물에 관한 사진의 촬영 등의 대상이 되는 사물이나 소리로부터 분리하는 것이 곤란하기 때문에 부수적으로 대상이 되는 사물이나 소리에 관한 다른 저작물은 당해 창작에 수반해서 복제 또는 번안할 수 있다(저작권법 제30조의2)

62) 프랑스 법원은 판례상으로 권리 제한의 부수 이론을 오랜 시간을 두고 형성해왔다. 이 이론은 20세기 초에 공개 장소에 설치된 저작물의 촬영을 둘러싼 분쟁에서 탄생하여 1957년 현행 저작권법 제정 당시에 명문화되지 못하였으나 이후에도 하급심 판례로서 인정되어왔다. 영화에서 아주 짧은 장면으로 포함되었다면 부수적 이용으로 인정되며, 2000년대에는 공개 장소에 설치된 저작물 이외에도 적용하고 있다(김경숙, 2020, 12쪽).

명문으로 인정하지 않는 입법례를 취하고 있다(김경숙, 2020; 문건영, 2019).

국내에서 부수적 이용인지 여부는 복제행위가 성립한 후 시사보도를 위한 이용63)이나 공표된 저작물의 인용,64) 저작물의 공정한 이용65) 등 저작재산권 제한 사유의 적용 여부를 판단하는 단계에서 고려해야 할 요소로 검토해 왔다(유지혜, 2014, 147쪽). 이들 제한 사유는 추상적인 판단기준, 출처 명시 의무, 적용 범위의 한정성을 이유로 저작물의 부수적 이용에 적용하기에 한계가 있다. 이에 새로운 디지털콘텐츠 제작에서 자유로운 저작물 이용환경을 보장하고자 2019년 11월 26일 저작권법 일부 개정을 통해 저작재산권 제한 사유로 부수적 복제 등에 관한 제35조의3가 신설되었다. 이 조항에서는 사진 촬영, 녹음 또는 녹화를 하는 과정에서 보이거나 들리는 저작물이 촬영 등의 주된 대상에 부수적으로 포함되는 경우에는 복제·배포·공연·전시 또는 공중송신할 수 있도록 규정하고 있는데, 부수적 이용행위의 범위에 2차적저작물 작성행위는 제외되었다. 이에 근거하면 부수적 이용의 요건은 사진촬영, 녹음 또는 녹화를 하는 과정에서 보이거나 들리는 저작물과 촬영 등의 주된 대상에 부수적으로 포함되는 경우이다. 이와 같은 근거 조항에 따라 부수적 복제물이 전체에 비추어 경미하고, 중요한 저작물을 복제·전달할 때 부수적으로 이용하는 것에 불과한 경우에는 저작권자의 허락이 없어도 이용할 수 있다. 다만 정당한 범위에서의 이용일 것 또는 저작권자의 이익을 부당하게 해하지 않을 것이 요구된다(박태신·

---

63) 저작권법 제26조(시사보도를 위한 이용) 방송·신문 그 밖의 방법에 의하여 시사보도를 하는 경우에 그 과정에서 보이거나 들리는 저작물은 보도를 위한 정당한 범위 안에서 복제·배포·공연 또는 공중송신할 수 있다.

64) 저작권법 제28조(공표된 저작물의 인용) 공표된 저작물은 보도·비평·교육·연구 등을 위하여는 정당한 범위 안에서 공정한 관행에 합치되게 이를 인용할 수 있다.

65) 저작권법 제35조의5(저작물의 공정한 이용) 저작물의 통상적인 이용 방법과 충돌하지 아니하고 저작자의 정당한 이익을 부당하게 해치지 아니하는 경우에는 저작물을 이용할 수 있다.

박진홍, 2023, 170쪽). 출처표시의 예외를 명시한 저작권법 제37조 제1항에 따라 부수적으로 이용된 저작물은 출처표시를 요구하지 않는다. 이에 부수적 복제에 관한 면책조항은 저작권 지식이 부족한 일반 사용자에게 매우 유용하다고 볼 수 있다. 사진, 음향, 영상녹화 과정에서 보거나 들은 저작물이 영상 등 주된 저작물에 부수적으로 포함된다면 어떤 저작물이 이용되었는지 모르는 경우가 많기 때문이다.

부수적 복제 면책조항을 신설하게 된 취지는 가상·증강현실 기술의 발달로 기기 사용이 잦아질 것이므로 가상·증강현실 기술 관련 산업의 발전을 뒷받침하기 위해, 촬영 등의 주된 대상에 부수적으로 다른 저작물이 포함되는 경우 저작권 침해에서 면제될 수 있는 근거를 마련하기 위한 것이다. 이는 이 조항이 일반인들의 저작물 이용과정에서 발생하는 부수적 복제 등의 이용보다는, 주로 관련 산업에서 저작물이 부수적으로 이용될 때 적용되는 것임을 의미한다(김경숙, 2020, 2쪽). 기술 및 콘텐츠 산업의 발전을 촉구하기 위하여 다른 저작물의 부수적 이용에 대해 저작권 침해 책임으로부터 면책시키려는 저작권 정책이 입법에 반영된 것으로, 항상 그랬듯이 기술이 저작권법 형성에 영향을 미치고 있음을 엿볼 수 있다. 따라서 가상·증강현실 기술을 활용하는 메타버스 내에서도 이 조항을 반영하여 논의를 발전시킬 수 있을 것이다.

부수적 복제 면책조항에 따라, VR/AR 영상을 360도로 촬영하는 도중 우연히 주변의 저작물이 포함된 경우, 혹은 특정 저작물이 포함되는 사실을 알면서도 촬영 특성상 그 저작물의 모습을 어쩔 수 없이 포함할 수밖에 없는 경우도 이를 부수적 이용으로 허용할 수 있다. 그러나 가상세계 건축물로 형상화하기 위해서는 위치정보, 공간정보 등을 토대로 3차원 렌더링을 통한 형상화작업이 필요하므로 우연성 요구 요건을 충족하지 않는 경우가 대부분일 것으로 보이며, 가상세계 건축물 그 자체가 부수적이라기보다는 핵심적이거나 중요한 기능이나 역할을 할 수 있다는 점에서 우연한 이용이거나 부수적인 이용이라고만 볼 수는 없다(정진근, 2022, 122쪽). 특히 VR의 경우 배경 저작물을 직접 디자인하거나 변형, 개작하여 이용하는 경우가 많으므로(김연수, 2020, 36쪽), 부수적 복제 면책조항을 적용할 기회가 많지 않을 것으로 보인다. 또한 제페토 등 3D 기반의 플랫폼에서는 아바타의 움직임 등에 따라 주된 대상과 부수적으로 포함된 대상을 구분하기 쉽지 않다는 기술적 특성 때문에, 새로운 플랫폼 환경에서 3D 형태로 재현된 경우 부수적 복제 면책조항을 그대로 적용하기 어려울 수도 있다(이철남, 2023, 67쪽). 이렇게 볼 때 부수적 복제 면책조항은 디지털 트윈 등 가상세계에서 구현되는 저작물 복제에 적용될 가능성은 그리 크지 않다. 오히려 현실세계에 가상의 객체나 정보를 추가함으로써 현실환경이 증강되는 증강현실 구현과정에서 실익이 더 클 것으로 예상된다.

메타버스 내의 가상현실에서 새롭게 창작한 배경, 장소의 경우, 해당 배경이나 장소를 구성하고 있는 미술, 건축, 사진 또는 조각 등도 창작성이 존재한다면 저작권법상 보호 대상에 해당한다. 그런데 가상세계인 메타버스 플랫폼에서 사용자가 제작한 영상 콘텐츠에 다른 사용자가 구현하거나 창작한 장소, 배경, 이미지 등에 있는 미술저작물, 건축저작물, 사진저작물이 해당 영상의 배경 등으로 부수적으로 포함되는 경우, 그 이용된 저작물의 종류 및 용도, 이용의 목적 및 성격 등에 비추어 저작재산권자의 이익을 부당하게 해치지 않는다면 미술저작물, 건축저작물, 사진저작물의 복제권 침해책임이 면책될 수 있다(김도경, 2022, 221쪽). 같은 맥락에서 대법원[66]은 사진촬영이나 녹화 등의 과정에서 원저작물이 그대로 복제된 경우, 새로운 저작물의 성질, 내용, 전체적인 구도 등에 비추어 볼 때, 원저작물이 새로운 저작물 속에서 주된 표현력을 발휘하는 대상물의 사진촬영이나 녹화 등에 종속적으로 수반되거나 우연히 배경으로 포함되는 경우 등과 같이 부수적으로 이용되어 그 양적 · 질적 비중이나 중요성이 경미한 정도에 그

---

66) 대법원 2014. 8. 26. 선고 2012도10777 판결.

친다면 저작권 침해로 볼 수 없다고 설명하였다. 이 판결에 근거하면, 메타 버스에서도 부수성 및 우연성, 원저작물이 이용된 정도나 중요도를 부수적 복제면책의 요건으로 적용할 수 있는 것이다.

부수적 이용 조항은 보이거나 들리는 저작물이어야 하고 복제, 배포, 공연, 전시, 공중송신 등이 포함되는 점에서 그 적용 범위가 넓다. 반면 부수적인 이용이어야 하며 보이거나 들리는 촬영물이 자연스럽게 포함되어야 한다는 점에서 우연성을 요구하고 있어 그 적용 범위가 좁다(정진근, 2022, 121쪽). 정원준(2021)은 부수적 복제에 관한 저작권법 제35조의3에서 "보이거나 들리는" 상황을 요건으로 하고 있어 자유 창작 공간에서 발생하는 '우연한 이용'을 포섭하지 못한다는 점을 입법적 한계로 들었다. 그리고 이런 한계를 극복하기 위해 제35조의 5에 따른 일반 조항을 통해 공정이용 해당 여부를 판단해야 하는데, "변형적 이용(transformative use)"을 폭넓게 적용하고 있는 미국과 달리, 우리 판례는 변형적 이용에 따른 공정이용 인정에 적극적이지 않은 데다가 이마저도 법원의 판단에 전적으로 의존해야 한다는 점에서 타당하다고 보기 어렵다고 설명하였다(8쪽). 또 김경숙(2020)은 저작권법 제35조의 3의 입법 취지와 VR, AR 산업진흥을 감안한다면, 부수적 이용을 '우연한 이용'에 한정하지 않고 의도적인 부수적 이용에도 적용해야 하며, 부수적 이용행위의 범주에 2차적저작물작성행위도 포함하는 것으로 개정이 필요하다(27쪽)고 주장하였다. 부수적 이용의 적용 범위를 좀 더 확대하는 입법 개정을 요구하고 있다.

한편 메타버스 내에서 부수적으로 이용되는 저작물 유형에 따라 부수적 복제 조항의 적용 여부가 달라질 수 있는지도 논의대상이 될 수 있다. 영국과 일본의 저작권법에서는 음악이 포함된 것에 대해서는 부수적 이용으로 보지 않으려고 하고 있어(임원선, 2020, 273~274쪽) 음악저작물에 대해서는 부수적 복제 조항을 엄격하고 제한적으로 적용하려는 경향을 엿볼 수 있다. 하지만 우리 저작권법에서는 '보이는' 저작물뿐 아니라 '들리는' 저작물

도 부수적 이용에 포함하고 있다. 메타버스에서도 거의 모든 창작에서 음
악저작물의 활용이 필수적이므로, 부수적 복제의 면책조항을 적용할 수 있
는 범위에 관한 충분한 검토가 요구된다.

## 6. 메타버스 플랫폼 사업자의 역할과 책임

메타버스는 광고 수익을 넘어 UGC 자체의 거래를 기반으로 하므로, 그
성격이 유튜브 플랫폼이나 웹하드 플랫폼과 유사하다. 이런 점에서 메타버
스를 저작권법상의 OSP의 역할과 책임 관점에서도 검토할 필요가 있다.

### 1) 플랫폼으로서의 메타버스

메타버스는 이용자 참여를 통해 경제·문화 활동을 영위할 수 있는 공간
을 제공하는 중개자 역할을 수행한다는 점에서 기본적으로 플랫폼의 성격
을 가진다. 플랫폼은 핵심 개념을 중심으로 기본구조, 상호작용, 개방성 등
다양한 측면에서 정의되는데, 일반적으로 다양한 제품이나 서비스를 제공
하기 위한 유무형의 토대를 의미한다. 디지털 플랫폼은 참여자들이 제품,
서비스 또는 정보를 교환하는 온라인 시장 혹은 중개자를 뜻하는 거래 플
랫폼, 새로운 보완 제품 및 서비스 창출을 위한 공통의 기술적 구성체인 혁
신플랫폼, 그리고 혁신과 거래 플랫폼을 모두 지원하는 유형의 하이브리드
플랫폼으로 분류된다. 이를 메타버스 플랫폼인 제페토에 적용하면 제페토
에서 거래되는 디지털 아이템 스토어는 거래 플랫폼이고, 디지털 아이템을
제작하는 스튜디오는 혁신플랫폼, 그리고 이 모든 플랫폼을 가지고 있는
제페토는 하이브리드 플랫폼 기업에 속한다. 메타버스 플랫폼의 경쟁력을
측정하기 위해서는 타 플랫폼과의 연계 및 호환성, 하드웨어 플랫폼, 플랫
폼 사용자[67] 등을 고려할 필요가 있다(이승환·한상열, 2021, 13~15쪽).

플랫폼 관점에서 본다면 1990년대 등장한 월드와이드웹이 기술향상과 더불어 새로운 기능이 추가되거나 새로운 객체를 처리할 수 있는 형태로 발전한 것처럼, 메타버스도 전혀 새로운 플랫폼이 아니라 새로운 기능이나 특징이 추가된 것으로 이해할 필요가 있다. 메타버스 플랫폼이 기존의 온라인 플랫폼과 구별되는 특징이 있다면, 본격적으로 3D 모델링 객체를 처리하기 시작했고, 기존의 플랫폼이 처리하기 어려웠던 사용자 제작 3차원 객체나 다양한 동작들이 거래 대상이 되고 있다는 점이다. 또 현실과 가상이 혼합되면서 오프라인과 온라인의 구분이 모호하고, 표준화되지 않은 기술과 플랫폼 간 상호운용성 제한 등으로 상대적으로 폐쇄적이며, 저작물의 유통채널 기능보다는 사용자의 상호커뮤니케이션 공간의 성격이 더 강하다(이철남, 2023). 즉 3D 객체, 동작의 처리, UGC의 거래, 온라인과 오프라인의 구분 모호, 폐쇄성, 상호커뮤니케이션 공간 등이 메타버스 플랫폼의 특징적인 요소이다.

메타버스 플랫폼에서 저작권 침해가 발생한다는 사실은 플랫폼 사업자의 역할과 책임 문제를 논하지 않을 수 없음을 의미한다. 메타버스와 같은 가상세계 플랫폼은 다양한 방식으로 서비스를 제공하는 것이 특징인데, 메타버스 특징에 따라 저작권 책임을 해석할 필요가 있다. 저작권법에서 OSP를 정의한 대로, 모든 유형의 메타버스가 이용자가 선택한 저작물 등을 그 내용의 수정 없이 이용자가 지정한 지점 사이에서 정보통신망을 통하여 전달하기 위하여 송신하거나 경로를 지정하거나 연결을 제공하거나, 이용자들이 정보통신망에 접속하거나 정보통신망을 통해 저작물 등을 복제·전송할 수 있는 서비스를 제공한다고는 볼 수 없을 것이다. 다만 메타버스 플랫

---

67) 타 플랫폼과의 연계 및 호환성은 네트워크 효과를 높이고 경쟁력을 높일 수 있는 요소이다. 하드웨어 플랫폼은 경쟁력 있는 메타버스 기기가 있는지, 다양한 메타버스 기기와 호환되는가와 같이 다양한 하드웨어 기기와 연동이 되는지를 말하며, 플랫폼 사용자는 다양한 분야에서 많은 사람이 사용하는가를 의미한다(이승환·한상열, 2021, 15~16쪽).

폼 이용자가 저작물을 업로드하고 다운로드하도록 하고 있다면 메타버스 플랫폼 운용자도 OSP로 볼 여지가 있다(정진근, 2022, 108쪽). 메타버스는 전통적인 저작물 유통 플랫폼과는 다르지만, 법적인 면에서는 정보통신망을 통하여 저작물을 복제 또는 전송할 수 있도록 하는 서비스에 해당하므로 메타버스 플랫폼 운영자는 저작권법상 OSP가 될 수 있다. 따라서 플랫폼 운영자는 통지·삭제 조치(notice & take-down)의 원칙에 따라 권리자가 불법 저작물에 대한 복제·전송 중지를 요청한다면 즉시 적절한 조치를 취해야 한다(손승우, 2021, 7쪽).

## 2) 메타버스 플랫폼 사업자의 저작권 침해 책임 제한

메타버스는 이용자에게 다양한 활동을 할 수 있는 공간을 제공하는 중개자 역할을 수행한다는 점에서 플랫폼이자 OSP의 성격을 가진다. 저작권법은 제102조에서 OSP의 책임 제한에 대해 규율하고 있는데, 메타버스 플랫폼 사업자도 이러한 책임 면책 사유의 적용을 받을 수 있는지가 문제된다. 메타버스 플랫폼은 '저장 서비스'를 제공하는 OSP에 해당하고, 저작권법에 규정되어 있는 면책 조건을 충족하는 경우 저작권 침해 책임에서 벗어날 수 있다(송선미, 2022, 10쪽). 앞에서 다루었듯이, 미국에서는 메타버스 기반의 게임플랫폼인 로블록스가 음악 저작권을 침해하였다는 이유로 미국음악출판협회의 손해배상청구 소송을 제기한 바 있다. 소송이 취하되는 바람에 법원의 해석을 알 수 없지만, 이 사건에서는 이용자에게 제공되는 커뮤니티 규정과 필터링 시스템만으로 면책할 수 있는지가 문제였다. 메타버스는 특히 오픈 생태계의 관점에서 자유로운 창작 공간을 확보해 주는 것이 특징이므로, 일반적인 플랫폼 사업자와 다르게 보고 면책의 범주를 좀 더 확장해야 한다는 의견도 개진되고 있다(정원준, 2021, 8쪽). 개방성과 창작의 공간이라는 메타버스의 특징을 고려해서 면책의 범주를 확장하는 방식으로 일반 플랫폼 사업자와의 차별화가 필요하다는 것이다.

우리 저작권법을 토대로 할 때, 로블록스와 미국음악출판협회 분쟁 사건에서 쟁점이 될 수 있는 사안은 로블록스가 OSP에 해당하는지, 만약 해당한다면 저작권법상 면책 요건을 모두 갖추고 있어서 책임이 제한될 수 있는지 등이다. 예를 들어 플랫폼이 큐레이션 서비스 등 저작물을 NFT로 만드는 민팅(minting)[68] 이용자들의 계정을 관리한다면 OSP라고 볼 수 있어서, 저작권법상 면책 요건에 해당하지 않는다면 불법 저작물 유통 책임을 질 가능성이 있다(권단, 2021). 이렇게 메타버스 플랫폼은 저작권법상 OSP의 책임 제한 규정이 적용될 가능성이 있지만, 메타버스 내에서는 검색엔진 등과 같은 전통적인 OSP에서 불가능했던 새로운 형태의 지식재산권 침해행위가 발생할 것이 예상되므로 메타버스 플랫폼에 대한 별도의 면책 논의가 필요하다는 의견도 제기되고 있다.[69] 그동안 저작권법 영역은 기본적으로 창작자 보호 원칙을 확보하는 데 노력해 왔으나, 메타버스의 산업·경제적 파급력을 감안할 때 합법적으로 구현 가능한 서비스 범주, 플랫폼 사업자의 책임 범위 및 면책 요건 등 사업 영위를 위한 최소한의 해석 기준이 제시되어야 한다(정원준, 2021, 9쪽).

---

68) 디지털콘텐츠를 NFT화하는 과정으로서 디지털콘텐츠에서 NFT를 부여하는 행위를 말한다. 오프라인 작품을 NFT화된 디지털 파일로 만들거나 디지털 파일에 NFT의 성격을 부여하는 것으로, 반드시 원저작권자에 의해 이루어지거나 원저작권자의 이용허락이 있어야 한다. 이 절차를 거치지 않은 저작물 NFT화는 저작권 침해행위로, 저작권법상 민사책임과 형사책임을 져야 한다. 아울러 NFT가 암호 화폐와 마찬가지로 블록체인 기술에 기반하므로, 가상자산으로서 금융 관련 법령을 적용받도록 해야 할 것이다(오승종·김연수, 2022, 75쪽; 정완, 2022, 161쪽).

69) 기하영(2021), 메타버스 사업자, 개인정보·저작권 준수해야. 아시아경제, 2021. 11. 24. 자. <https://www.asiae.co.kr/article/2021112315235848852> (2023년 5월 28일 최종접속).

# 7. 메타버스에서 AI의 콘텐츠 창작과 저작권

혁신적 변화를 앞둔 메타버스의 중심에는 AI 기술이 있다. 메타버스 플랫폼을 비롯하여 관련 기업들은 사용자에게 더욱 다양한 경험을 제공하고 사용자 활동 데이터를 수집하기 위해 AI 기술을 적극적으로 도입할 것으로 보인다. 그 예로 국내외 게임업계는 메타버스에 AI 엔진 기술을 접목한 콘텐츠 개발을 위해 파트너쉽을 체결하였다. 개발자이자 소프트웨어 전문 서적의 저자인 엘리옷(Elliot)은 AI가 메타버스의 자산이나 아트워크,[70] 콘텐츠 제작을 지원할 뿐 아니라 구축과정에서 실시간으로 프로세스를 개선해 나가는 가능성을 가진다고 설명한 바 있다(이현정, 2021). 메타버스가 계속 진화하고 확장됨에 따라, 대화형 AI 서비스인 챗GPT(Chat Generative Pre-trained Transformer) 등의 새로운 AI 기술이 메타버스에 통합될 가능성이 더 커졌다.

## 1) 메타버스에서 AI의 기능

AI에 대한 보편적인 정의가 아직 존재하지는 않지만, AI 시스템은 창의적이고 예측불허이며, 독립적이고 자율적이며, 이성적이고 진화하며, 데이터를 수집할 수 있고, 의사소통을 할 수 있으며, 효율적이고 정확하며, 대안 중에서 자유롭게 선택할 수 있는 자유도가 높은 시스템으로 설명되고 있다. 이와 같은 특성을 가진 AI는 메타버스를 만들고 향상시키는 역할을 함으로써, 메타버스의 대들보가 될 수도 있다. 수백만 명의 메타버스 사용자가 실시간으로 메타버스를 경험하는데, 이런 경험이 초 단위로 업데이트

---

70) 실내를 회화, 조각, 판화, 포스터, 태피스트리 따위의 미술 공예품으로 장식하는 일. <https://ko.dict.naver.com/#/entry/koko/ac801ab9324d4f69b2f2cf52a7578bca> (2023년 5월 9일 최종접속).

되어 엄청난 양의 정보를 생성하게 된다. AI는 그와 같은 정보를 처리해서 메타버스가 원활하게 작동하도록 하는 데 필요할 것으로 보인다. 게다가 AI는 수억 명 메타버스 이용자들의 행동, 선호도, 관심사, 호불호에 관한 데이터를 수집할 수 있다. 이런 데이터는 광고주, 고용주, 정부 등에 유익한 자료가 될 것이며, 후에 메타버스 개발자나 운영자의 수익 창출로까지 이어질 수 있다(Nanobashvili, 2022, pp. 245~246). 메타버스에서 현실과 가상세계를 통합 구현하기 위해서는 다양한 분야의 막대한 데이터가 필요하며, 자동 생성되는 사용자 활동에 대한 데이터도 중요한 자산이 될 수 있다는 점에서 빅데이터 처리 능력이 있는 AI를 활용할 가능성이 크다.

　메타버스는 현실영역이 확장된 가상세계로서 실제와 같은 공간도 설계해야 하고 상호작용하는 등장인물도 필요하며 실제 그 공간에서 소통도 원활하게 해야 하는데, 이 모든 것을 만들어 내고 현존감을 생성해 주는 기술이 바로 AI이다. 메타버스는 확장된 세계를 의미하므로 업무를 위해서나 교류를 위해서도 전 세계 다양한 인원들과 만날 수 있는 장소이기도 하다. 그러므로 언어장벽이 존재할 수 있으나, 이 장벽을 AI가 해소할 수 있다(정완, 2022, 149쪽). AI가 음성, 텍스트 및 텍스트-음성 번역을 위한 도구를 제공해줌으로써 상호작용의 큰 장애물인 언어 문제를 해결해 주는 것이다. 이렇게 AI를 통해 메타버스는 이용자 간의 상호작용 방식과 디지털 세계를 바꾸는 잠재력을 가진다.

　또 메타버스 사용자는 AI 기반의 설계 도구를 사용하여 건물, 풍경 등 메타버스 구축에 필요한 사실적인 환경을 설계하고 아바타와 같은 캐릭터를 디자인하고 만들어서 가상세계에서 좀 더 몰입감 있는 경험을 할 수 있다. AI는 이용자가 현실세계에서 하는 신체 움직임, 얼굴표정, 감정, 몸짓 언어와 말을 가상공간인 메타버스에 투영할 수 있으며, 이용자의 말과 아바타의 입술 동작을 동시에 맞추어주기도 한다. 정리하면, 메타버스라는 디지털 공간을 창조하는 것뿐 아니라 그 안에서 빅데이터를 활용하고 공간의 실재감, 몰입감을 높이며, 의사소통을 원활히 하기 위해 AI가 중요한 기능을 할 수 있다. 특히 소통의 걸림돌인 언어 문제를 해결해 주는 기능이 돋보일 것으로 기대된다.

한편 AI는 차별적인 행동을 감지하고 예방함으로써 메타버스 내에서 사회적 형평성과 다양성을 증진할 수 있다. AI 알고리즘이 가상환경 내에서 사용자 행동과 상호작용을 분석하여 차별적 행동을 식별하고 표시할 수 있는데, 보다 공평하고 포용적인 가상환경을 생성함으로써 AI 기반 도구는 모든 사용자가 메타버스에 액세스할 수 있도록 도울 수 있다.[71] 예를 들면 음성 및 텍스트 캡션을 지원하여 시청각 장애인들의 필요와 선호도에 기반한 안내를 해줌으로써 그들이 메타버스에 좀 더 쉽게 접근하고 참여하도록 한다. 결국 AI는 메타버스를 구축하고 발전시키며, UGC를 촉진하는 도구를 제공한다. 그리고 그와 같은 단순한 기술향상 도구를 제공하는 역할에 그치지 않고 사회적 평등, 접근성, 다양성, 포용성을 증진하는 힘을 주기도 한다. 그런 점에서 AI와 메타버스의 결합은 '책임감 있는 AI와 메타버스'라는 중요한 주제를 우리에게 던져준다. 새로운 기술은 우리에게 무한한 혜택을 주는 것 같지만, 동시에 사회적 편향, 편견, 차별, 도용과 같은 유해성을 내포하고 있다. AI라는 기술 자체가 지금까지 인간이 글을 쓰고 창작한 것을 기반으로 훈련하므로 세상과 사람에 대한 인간의 견해를 담아내며, 결국 우리 사회에서 나타나는 현상을 그대로 반영할 수밖에 없는 것이다.

## 2) AI의 콘텐츠 창작과 저작권 쟁점

4차산업혁명의 핵심 기술인 AI는 대량의 정보를 인식하여 스스로 분석하고 학습함으로써 인지 추론하고 독립적인 사고의 주체로서 창작물을 제작할 수 있다는 점에서 기존 기술과 차별화된다. 객체였던 컴퓨터 시스템

71) <https://mymetaverseday.com/2023/03/03/how−ai−is−enabling−the−metaverse/> (2023년 5월 9일 최종접속).

이 AI라는 이름으로 행위의 주체로 새롭게 등장하여 빅데이터, 딥러닝 기술과의 결합으로 스스로 분석하고 학습하여 창작물을 제작할 수 있게 되었다. AI가 창작성의 새로운 원천이 된 것이다(김승래·이창성, 2018; 손승우, 2016; 정정원, 2016; 정진근, 2016; Hristov, 2017). 그동안 예술은 창의성과 감수성을 요구하는 인간의 전유물처럼 여겨졌으나, 최근 비약적으로 발전한 AI가 다양한 창작활동을 하면서 예술 창작의 영역에도 진입하고 있다. AI 알고리즘을 활용하여 창작물을 제작한 프로그램 사례로 구글의 '딥 드림(Deep Dream)'이 있다. 딥 드림은 인공신경회로망(AMM) 기반의 학습방식인 '딥러닝' 기술을 적용하여 수많은 이미지를 학습하고 새로운 이미지를 만들어 낸다. 고흐, 뭉크, 피카소 등 유명 화가의 화풍을 학습하였고, 2016년 샌프란시스코 미술 경매에서 딥 드림의 작품 29점이 97,000달러에 거래되기도 했다(김지민, 2022). AI 알고리즘 수준은 개별 콘텐츠 분야별로 다르며, 아직은 비교적 단순 작업을 요구하는 창작과정에서 AI의 활용도가 높은 편이다. 문학 분야에서 AI 활용은 초보적인 실험단계, 그림, 음악, 저널리즘 분야는 실용화단계, 번역은 주류적인 위치에 올라선 단계로 평가된다. AI 기술발달의 현 단계를 기준으로 할 때 AI는 콘텐츠 창작의 새로운 주체라기보다 보조, 변형의 방식으로 창작의 효율성을 높이는 수단으로 평가되는데, 앞으로 괄목할 만한 발전이 예상된다(조연하, 2022).

　AI가 자율적으로 만든 창작물의 저작권법적인 성격에 대해서는 아직 의견이 일치되지 않은 상황이어서, 메타버스에서 순수 AI 창작물의 저작권 문제는 여전히 풀어야 할 과제이다. 그러나 이미 다양한 예술 분야에서 AI가 상당한 창작 실력을 발휘하여 만든 창작물을 다수의 사람이 향유하고 있는 것이 현실이다. 따라서 단순히 기존 법의 해석에만 머물러 권리를 부정하기보다는 변화되는 상황에 맞추어 AI 창작물을 어떻게 보호할 것인가에 대해 전문적인 논의가 필요하다(이혜영, 2022; 정완, 2022). AI 창작물도 저작권으로 보호할 수 있는지, 보호한다면 어떻게 보호할 것인지, 저작자 지위를 누구에게 부여할 것인지, 실제로 저작권을 누구에게 귀속시킬 것인지, 그리고 AI 창작물로 인한 저작권 침해에 대한 책임은 누가 질 것이며, 어떤 경우에 면책되는지 등이 논의의 핵심이다. 아울러 순수 AI 창작이 아니더라도 AI가 창작에 일부분이라도 관여했을 경우 저작권 쟁점이 무엇인지, 그것에 어떻게 대처할 것인지도 논의대상이다.

메타버스에서도 아바타의 얼굴과 목소리를 만들기 위해 AI를 활용할 수 있다. 실제로 유명한 AI 작곡가 겸 프로듀서인 에이미 문(Aimy Moon)은 제페토, 로블록스, 이프랜드(ifland) 등의 메타버스 플랫폼에서 활동 중이다. 제페토 공식 파트너로 활동하는 제페터(Zepetor)이기도 한데, 제페토 내 존재하는 가상 기획사, 가상 아이돌, 그리고 인플루언서들이 원하는 음악을 작곡해주는 프로젝트를 여러 번 진행하였고, SNS상에서 1만 명 이상의 글로벌 팬들을 확보하며 큰 인기를 끌고 있다.[72] 이렇게 AI가 콘텐츠 창작의 주체로 부상됨에 따라 메타버스에서 AI의 콘텐츠 창작과 저작권에 관한 논의가 필요해졌다. 메타버스 내의 저작권 논의는 크게 '메타버스 안에서 이용되는 창작물에 대한 권리 보호'와 'AI 창작물에 대한 권리 보호'의 두 관점에서 볼 수 있다. 전자의 경우 최근 정부에서 메타버스나 NFT 등 신기술 환경하에서 저작권을 식별하여 대응할 수 있는 관련 기술들을 개발하려는 움직임을 보이고 있고, 후자의 경우는 메타버스와 AI 활동 범위가 넓어짐에 따라 지속적인 공론화 과정에 있다(정완, 2022, 149~150쪽).

AI 창작물은 투입된 데이터를 학습해서 단기간에 산출해 내는 소프트웨어적인 결과물로서, 개발 및 생산에 드는 시간과 비용이 단축되며, 대량 생산이 가능할 뿐 아니라 한 번의 투자와 노력으로 창작 성과를 반복해서 누릴 수 있는 것이 특징이다. 일반적으로 AI는 기술발전 단계에 따라 약한

---

72) 정승훈(2021), 인공지능 가상 작곡가 Aimy Moon, 메타버스에서 팬들과 함께 K-POP 음악 공동 창작. 디지털타임스 2021. 6. 17.자. <http://www.dt.co.kr/contents.html?article_no=2021061702109923805005> (2023년 5월 9일 최종접속).

AI와 강한 AI로 분류한다. 약한 AI는 자체적인 판단 능력이 없는 인간의 일부 지능적인 기능을 대체하는 유형인데, 인간이 알고리즘과 데이터, 규칙 등을 입력하면 이를 분석해서 한정된 문제를 해결해 주는 수준이다. 반면 강한 AI는 아직 현존하는 기술은 아니지만, 딥러닝과 같은 학습방식을 통해 스스로 문제를 해결하거나 판단한다. 창작의 주체나 기여도를 기준으로 할 때, AI 창작물은 인간이 AI를 도구로 활용하여 만든 창작물, 인간과 AI가 협업한 창작물, 인간의 개입이 없이 AI 스스로 창작한 창작물로 분류된다. 정도의 차이가 있지만, 인간이 관여한 첫 번째와 두 번째 창작물 유형은 인간이 현재의 약한 AI 기술을 활용하여 만든 창작물이라고 볼 수 있으므로 인간 창작물에 포섭되며, 따라서 기존 저작권 법리에 기초하여 처리하면 된다. 하지만 강한 AI처럼 인간의 관여 없이 스스로 학습을 통해 생성한 순수 AI 창작물은 저작권 문제가 명료하지 않다.

저작권 법리에 따르면, 인간 저작자가 존재하지 않는 AI 창작물은 저작권법상 보호를 받지 못한다. 미국 저작권청은 인간이 만든 창작물만이 저작권으로 보호받을 수 있다고 주장한다. 인간 저작자의 어떠한 창의적인 개입이 없는 한, 기계가 생산하거나 무작위나 자동 작동하는 단순 기계적 처리로 생산된 창작물을 저작물로 등록해주지 않는다. 기계도 AI도 아닌, 인간만이 창작성에 대한 인센티브로 저작권 보호가 필요하다는 것이 지배적인 견해이다. 인간을 전제로 하는 저작권 제도의 취지와 저작권법상 저작물성 및 창작 주체에 대한 법적 해석에 기반할 때, 인간이 관여하지 않은 AI 창작물은 보호할 타당성이 없다고 보는 것이다. 반면 AI 산업과 창작콘텐츠의 발전을 이유로 보호할 필요가 있다는 주장도 있는데, 보호기간의 단축 등 보호 범위나 방식을 인간 창작물과 차별화시킬 것을 강조한다.

AI 창작물의 또 다른 쟁점은 누구에게 저작자 지위를 부여할 것인가이다. 현행 저작권법에 기초하면, 저작자는 '저작물을 창작한 자'이며, 저작물은 '인간의 사상이나 감정'을 표현한 창작물이다. 기존 연구에서는 현재의

AI 기술 수준과 인간중심 철학 사조를 근거로 할 때 창작성이나 개성이 반영된 창작물의 저작자로 인간이 아닌 주체는 생각하기 어렵다고 보고, AI에 대한 저작자 지위 부여의 타당성을 부인한다. 연구가 충분히 축적되지 않은 상황이지만 지금까지 논의를 보면, 인격이 없는 AI는 저작권 주체가 될 수 없다고 보는 시각이 존재하는 한편, AI가 이미 문화예술 영역에서 상당한 실력을 발휘하고 있고 그 창작물이 인간의 감정과 욕구를 충족시키는 이상, AI를 저작자로 인정해야 한다는 소수 의견이 대립하고 있다(이준복, 2021, 64쪽). 일단 인간이 중심이 되어 약한 AI를 창작 도구로 사용하여 만든 창작물은 창작자 원칙73)에 따라 AI가 저작자가 될 수 없다. 하지만 지각력과 자율성을 가진 강한 AI가 창작 도구의 수준을 넘어 창작적으로 관여한다면, 비인간에게도 과연 저작자 지위를 부여할 수 있는지와 같은 근본적인 문제에 직면하게 된다. 타당성과 별개로, AI 창작물의 저작자를 누구로 볼 것인지에 대해서는 AI 개발자인 프로그래머, AI를 이용하여 콘텐츠를 창작한 사용자, AI 소유자, 강한 AI 등, 견해가 다양하다. 결국 저작자가 누구인지는 저작물 생성을 주도한 자를 중심으로 접근하여, 창작에 대한 개입의 정도나 방식을 기준으로 판단할 필요가 있다.

저작자 판단이 저작자로서의 적격을 논하는 것이라면, 저작권의 귀속 주체는 창작물에 대한 권리를 누구에게 귀속시키는 것이 타당한지를 논하는 것이다. 약한 AI는 창작업무의 효율화에 기여할 뿐 창작성을 발휘한다고 볼 수는 없으므로, 저작물에 대한 자연인의 권리 주체성을 보호하고 저작권법 체계의 혼란을 방지하기 위해서라도 약한 AI를 도구로 활용한 창작물의 저작권은 당연히 인간에게 귀속시켜야 한다. AI가 계속 진화 중인 기술이므로 AI 창작물의 저작권 귀속 주체를 명백히 정할 수는 없으나, 향후

---

73) 창작적인 표현형식 자체에 기여한 창작자를 저작자로 인정하고 그에게 모든 권리를 귀속시키는 원칙이다. 창작 행위는 자연인만이 할 수 있고, 저작물을 실제로 창작한 자연인만이 저작권을 취득할 수 있다는 저작권법상의 일반 원리이다.

강한 AI가 인간의 개입 없이 창작한 결과물에 대해서도 설사 창작 주체를 AI로 보더라도 권리 귀속의 주체는 역시 인간으로 보아야 할 것이다. AI 개발자, 사용자 중에서 누구에게 저작권을 귀속시킬지 또는 개발자와 사용자가 권리를 공동으로 소유할지는 기본적으로 저작물 창작에 대한 AI나 인간의 기여도, 또는 AI 시스템 사용으로 혜택을 누릴 수 있는 자 등을 기준으로 개별 사안별로 판단하는 것이 합리적이다. 하지만 이 역시 각국의 저작권법이나 입법정책에 따라 달라질 수 있는 문제이다. 앞으로도 AI 기술의 활용이 메타버스를 포함한 가상공간으로 확장되고 새로운 기술과 융합하면서, 다양한 저작권 쟁점이 끊임없이 재생산될 것이 예상된다. 이에 메타버스로 인해 AI 창작물의 법적 보호에 관한 논의가 본격적으로 공론화될 것으로 전망된다(Nanobashvili, 2022, p. 247).

# 메타버스와 저작권 관리

C/H/A/P/T/E/R

# 04

# 메타버스와 저작권 관리

　AI 빅데이터, 블록체인 등 4차산업혁명이 이끄는 IT 기술들이 쏟아지면서 새로운 유형의 저작물이나 보호해야 할 대상이 급격하게 늘어나고 있다. 그러한 예로 AI 창작물, 가상현실과 증강현실의 창작물을 들 수 있다(황정식·김현곤, 2019, 58쪽). 이에 메타버스에서도 저작물에 대한 저작권 관리가 요구된다. 메타버스 내 저작권 관리는 가상과 현실세계의 융합뿐 아니라 AI, 블록체인, NFT 등 여러 가지 기술적인 요소까지 융합된 메타버스의 특성을 충분히 고려해야 한다. 블록체인 기술은 분산 컴퓨팅 기술기반의 분산형 데이터 저장기술이며, NFT는 사용자가 데이터를 소유하면서 디지털 자산으로 관리할 수 있는 기술이다.[1] 블록체인은 저작권을 확인하고 저작물을 유통, 활용할 수 있는 기술적 특성에서 저작권과의 연관성을 찾을 수 있고, NFT도 메타버스와 결합하면서 메타버스 내 디지털 자산으로서 콘텐츠의 유통은 물론이고 저작권 관리에서 중요한 역할을 할 수 있다. 그런 점에서 저작권 관리와 관련하여 메타버스와 블록체인, NFT는 서로

---

1) SKT, 대체불가능토큰(NFT)으로 '웹3' 선도한다. 파이낸셜 뉴스, 2022. 7. 21. 자. <https://n.news.naver.com/mnews/article/014/0004870730?sid=105> (2023년 5월 28일 최종접속).

상생하는 개념으로 이해할 필요가 있다.

## 1. 저작권 관리방식으로서의 블록체인과 NFT

### 1) 블록체인의 개념과 특징

블록체인은 문언적으로 '블록들의 체인'을 의미한다. 블록(block)이란 데이터를 저장하는 파일보다 작은 저장 단위로서 노드(node)를 말하고, 체인은 데이터들이 서로 연결되는 형태를 나타내는 개념이다. 이를 토대로 하면, 거래 데이터를 블록이라는 데이터 묶음 형태로 저장하고 이를 체인 형태로 연결해 다수의 컴퓨터가 연결된 P2P(peer-to-peer) 방식으로 분산, 저장하는 원장 관리기술(정진근, 2018a; 박대민·유경한·강지안, 2023)이 바로 블록체인이다.

블록체인에 대한 여러 정의들을 살펴보면, 백경태(2019)는 거래정보 데이터를 특정 기관의 중앙 서버가 아닌 P2P 네트워크에 참가자가 공동으로 기록·저장·관리하는 분산 장부 기술(200쪽)로, 윤종수(2020)는 서로 다른 개인이나 법인이 통제하는 다수의 컴퓨터 시스템상에서 동일한 거래원장 사본이 보관되는 '디지털 분산원장(distributed ledger)'의 한 형태(111~112쪽)로 설명하였다. 또 김원오(2020)는 네트워크 내의 모든 참여자가 공동으로 거래정보를 검증하고 기록·보관함으로써 공인된 제3자(중앙통제기관) 없이도 무결성 및 신뢰성을 확보하고 비용을 절감할 수 있는 기술로 정의하고, 콘텐츠의 정보기록과 거래에 적합하다는 점에서 IP와 콘텐츠 친화적인 기술로 설명하였다(50쪽). 사전적으로는 누구나 열람할 수 있는 장부에 거래내역을 투명하게 기록하고, 여러 대의 컴퓨터에 이를 복제해서 저장하는 분산형 데이터 저장기술[2]로 정의되고 있다. 이를 종합하면, 블록체인은

---

2) 네이버 지식백과 시사상식사전. <https://terms.naver.com/entry.naver?docId=28

디지털 데이터를 분산해서 저장하는 원장 또는 장부 관리기술로서, 개인이나 법인이 동일 거래내역을 중앙 서버가 아닌 P2P 네트워크에서 분산 컴퓨팅 기술을 기반으로 하여 공동으로 기록, 저장, 관리하는 기술이다.

  블록체인에 관한 정의는 대체로 그 의미가 일치하는 가운데, 관점에 따라 조금씩 다르게 표현된다. 앞에서 언급했듯이 문언적으로는 '블록들의 체인'을 의미한다. 네트워크 관점에서 보면, 중앙화된 기관의 개입이 없는 개인 간 네트워크이다. 즉 참가자 사이에 발생한 거래정보가 담긴 원장을 특정 기관의 중앙 서버가 아닌 네트워크에 분산하여 참여자가 공동으로 기록하고 관리하는 분산 장부 기술을 토대로 하는 네트워크이다. 또 기술적 도구 관점에서는 분산 네트워크에서 디지털 기록의 생성 또는 이전을 검증하는 암호화된 알고리즘을 이용하는 분산처리방식의 디지털 원장이다. 그 밖에도 거래를 기록한 데이터베이스로 단순하게 정의되기도 한다. 다양한 관점의 정의들을 종합하면, 블록체인이란 분산형 데이터베이스와 유사한 형태의 데이터를 저장하는 연결 구조체를 토대로 모든 구성원이 네트워크를 통해 데이터를 검증, 저장함으로써, 특정인이 임의로 조작할 수 없도록 설계된 플랫폼이다(정진근, 2018a, 10~11쪽). 블록체인은 데이터 위조, 변조 방지기술로 보안이 뛰어나며, 거래정보의 기록과 열람이 용이하고 거래참여자 모두에게 거래내역을 보내므로 다양한 자산거래 정산 절차상의 투명성과 신뢰성을 담보할 수 있는 기술이다. 또 업무 과정을 스마트 계약을 통해 단순화하고 공인된 중개 기관 없이 생산자와 소비자를 직접 연결한다(김원오, 2020; 박영민·오시아, 2021). 그러므로 블록체인은 저작권료를 효과적으로 징수해서 저작권자에게 분배하며, 저작물의 창작자와 이용자 간의 소통을 원활하게 하고 연계를 강화함으로써 저작권 관리에 효율적인 시스템으로 작용할 수 있다.

38482&cid=43667&categor yId=43667> (2023년 5월 9일 최종접속).

## 2) NFT의 개념과 특징

NFT는 블록체인을 기반으로 개발 및 유통되는 가상의 디지털 토큰으로, 대체 불가 토큰이라고 부른다. 여기서 대체 불가라는 고유성은 동일 상품이 존재할 수 없음을 의미한다. 예를 들어 두 사람이 서로 금괴를 교환하였다면 결과적으로 교환하지 않은 것과 마찬가지이므로 대체해서 사용할 수 있지만, 탑승자 이름, 항공편, 좌석 등이 기재된 항공권은 동일 항공권이 존재할 수 없으므로 대체 사용이 불가하다(임종욱, 2021). 즉 NFT는 직접 통제하고 운영할 수 있는 가상의 자산이지만, 기존의 가상자산과 달리 디지털 자산에 고유한 인식 값을 부여하기 때문에 각 토큰이 서로 다른 고유한 가치를 지니고 있어서 NFT 간에 상호교환이 불가능한 것이다.

NFT는 블록체인에 저장된 일련의 데이터를 통해 디지털 자산의 고유성을 인증하고, 이를 통해 디지털 미술품이나 음원, 게임 아이템 등의 디지털 자산이 희소성을 가질 수 있도록 하는 방식으로 주로 활용된다(박경신, 2021, 7쪽).[3] 그동안 디지털 창작물은 무한 복제될 수 있어 희소가치가 낮았으나, NFT로 인해 한정된 수량의 창작물에 대해 선택적으로 소유권 부여·양도가 가능해져 창작물의 희소성, 상징성, 제작자 명성 등에 기반한 가치 산정이 가능해졌고, 거래가 활성화되는 계기가 마련되었다(이승환, 2021, 41쪽). 이렇게 디지털 저작물의 NFT는 무한 복제가 가능한 디지털 세계에 희소성을 가져와 경제적 가치를 만들어 낼 뿐만 아니라 진품이 존재할 수 없었던 디지털 저작물에 진품성을 부여한다는 점에서, 저작권법의 보호 아래 대량의 사본을 대중에게 전달하는 방식으로 수익을 창출하는 기

---

3) 많은 예술가가 NFT 작품을 판매하고 있고 NFT가 붐이 되고 있다. 크리스티 경매에서 Beeple의 NFT 예술작품이 약 6,930달러에 낙찰되어 화제가 되었고, 훈민정음 해례본 실물을 보유한 간송미술관 측이 국보 70호 '훈민정음'을 NFT로 제작해 100명에게 한정 판매하는 사업을 추진한다고 해 사회적 화두로 부상한 바 있다(박태신·박진홍, 2023, 178쪽).

존의 콘텐츠와는 다르다(윤종수·표시영, 2021, 211쪽). 또 NFT는 블록체인 기술을 활용해 디지털콘텐츠에 고유한 식별자를 부여함으로써, 디지털콘텐츠의 원본 소유를 증명해 준다. 대체 불가한 성질과 블록체인 특유의 탈중앙화를 특징으로, 그림이나 영상과 같은 디지털 파일에 결합하여 디지털 파일에 대체 불가성을 부여하고, 소유권과 거래 이력을 명시하여 '해당 디지털 파일의 소유주'를 공시하는 역할을 한다(임종욱, 2021, 86쪽). 일종의 디지털권리증명서 기능을 하는 것이다. 이렇게 볼 때 NFT는 희소성을 갖는 특정한 디지털 자산에 대한 소유권과 거래내역 등을 블록체인상에 기록한 디지털 파일이다. 즉 희소성, 고유성, 소유권을 핵심으로 하는 개념으로 설명할 수 있다.

블록체인에 기반한 NFT는 메타버스에서도 적극적으로 활용되고 있다. NFT를 이용하여 메타버스에서 이용자 간 자산거래가 가능하고 자산거래에 따른 디지털 화폐의 현금화가 가능하므로 메타버스 세계가 바로 현실세계와 연결된다(정완, 2022, 160~161쪽). NFT가 메타버스 내 사용자의 가상자산을 관리해주는 역할을 하는 것이다. 예를 들어 메타버스 게임에서는 경제적 창작활동의 결과물이 NFT로 거래할 수 있어야 현실 수익으로 이어지기 때문에 메타버스와 현실을 이어주기 위해서는 NFT가 필수적이다(임종욱, 2021, 86~87쪽).

단순히 가상현실, 증강현실 등에서 경험했던 게임과 체험 수준에서 벗어나 경제활동이 가능한 메타버스는 향후 블록체인 기반의 암호 화폐와 소유권과 진품 인증이 가능한 NFT 시장과 함께 성장할 것이다. NFT 기반의 메타버스 생태계가 더 확장되고, 다른 메타버스 간의 NFT 창작물을 활용할 수 있는 NFT 상호 호환성이 가능해진다면 NFT의 활용 가치는 더욱 높아질 것으로 전망된다(김광집, 2021, 18쪽; 이승환, 2021, 40쪽). 이렇게 볼 때 NFT는 메타버스 내 다양한 UGC에 희소성과 소유권을 부여하면서 콘텐츠의 창작 및 경제활동에서 중요한 역할을 할 수 있는 기술로 평가된다.

## 2. 블록체인, NFT 기술활용과 저작권 쟁점

### 1) 블록체인을 활용한 저작권 관리

아날로그 환경에서도 저작권자가 개인적으로 자신의 저작권을 관리하는 문제가 쉽지 않았는데, 디지털 환경에서 와서는 콘텐츠의 이용과 유통을 통제하고 저작권을 관리하는 것이 더 어려워졌다. 일반적으로 디지털콘텐츠는 쉽게 복제할 수 있고 데이터양이 많아서, 저작자가 누구인지 알기 어렵고 저작권 보호와 관리가 어렵기 때문이다. 이에 저작권자들은 디지털 저작물의 무단 이용에 대해 아날로그 기술 시대에 탄생해서 발전된 저작권 법체계가 비효율적이라고 생각하고, 저작물에 정당하지 않게 접근해서 이용하는 것을 방지하기 위한 자구책으로 저작권 관리 및 보호 기술과 서비스를 채택하였다(Hua, 2013, p. 328). 그런 점에서 저작권 관리 및 보호 기술은 저작권 보호를 목적으로 아날로그 시대에 탄생해서 발전된 저작권법 제도의 실질적인 집행의 비효율성과는 별도로, 또 하나의 효과적인 저작권 보호 수단이라고 볼 수 있다(조연하, 2023, 18쪽).

1990년대 후반 인터넷이 대중화되면서 각종 디지털콘텐츠 유통이 활발해지면서 불법복제와 무단 사용이 증가하였다. 이를 해결하기 위해 디지털콘텐츠 저작권 관리의 불가피한 수단으로 등장한 개념이 바로 디지털 저작권 관리(Digital Rights Management; 이하 DRM)이다. DRM은 디지털콘텐츠의 위조 방지 및 저작권 보호를 위해 기술을 사용하는 수단에 대한 총칭으로, 한 마디로 디지털 저작권 보호를 위한 기술적·관리적 조치이다. 좀 더 포괄적인 개념으로는 저작권 승인과 집행을 위한 소프트웨어와 보안기술, 지불, 결제 기능 등을 모두 포함하는 개념이다. 기존 DRM 방식은 비용부담, 최종 사용자에게 불편한 기술, 해킹 우려, 디지털콘텐츠 권리관리정보(Rights Management Information)의 수정 가능 등, 많은 문제점을 가지고 있다. 블록체인 플랫폼은 이런 문제점을 극복하는 대안이 될 수 있다. 블록체인을 통해 저작물 권리자는 안전하게 콘텐츠를 거래하고 관리할 수 있고, 권리 보유자가 작품에 대한 접근통제권을 유지할 수 있으며, 잠재적 서비스 비용을 절감할 수 있다는 이점이 있다. 또한 저작물 사용자는 콘텐츠 이용과 저작권 거래를 투명하게 할 수 있고, 다른 기기에서 음악과 콘텐츠를 사용할 수 있다(김원오, 2020). 블록체인 기술이 도입될 수 있는 저작권 분야로 미술저작물이 있는데. 이것은 '원본성'이 중시되는 대표적인 저작물이다. 현재 '미술품의 저작권 침해'와 관련하여 위작 문제, 2차적저작물의 저작권 침해 문제, 추급권4)의 미도입, 저작권 구제의 높은 비용 등이 논의되고 있는데, 블록체인 기술 및 NFT가 해당 문제들에 대한 해결의 실마리를 제공할 것으로 예측된다(박영민·오시아, 2021).

블록체인은 네트워크 시스템이며 네트워크를 토대로 거래가 이루어지고 검증된다는 점에서 디지털 재화의 거래에 적합하며,5) AI 및 가상화폐와의 결합이 용이하다는 점에서 저작권 제도에 적용하기 좋다는 이점을 가진다. 또 블록체인 기술을 기반으로 하는 탈중앙화된 플랫폼에서 참여자들은 플랫폼 소유자와 같은 중개자를 거치지 않고 직접 거래를 할 수 있어서, 권리자가 누구인지를 확인하고, 자신의 권리가 어떻게 이용되고 있는지를 파악하며, 권리자들 사이에서 콘텐츠 가치를 산정하기 위한 거래비용을 줄일 수 있다. 이렇게 참여자 간 거래를 가능하게 하므로, 수많은 거래유형이 요구되는 환경에서 창작자가 자신의 콘텐츠 가격 책정과 수익 모델 설정에 관한 내용을 입력해서 수익배분을 기계적으로 집행할 수 있는 스마트 계약6)을 할 수 있는데, 이를 위해 AI 시스템을 이용할 수 있다. 이에 저작권

---

4) 미술저작물의 저작자가 원저작물을 최초 양도한 이후에도 계속되는 재판매로부터의 수익을 일정 비율 분배받을 권리를 의미한다(김영림, 2014, 129쪽).
5) 중개자 없이도 개인 간의 거래, 가치, 자산 등을 이동시킬 수 있는 일종의 교환 네트워크라고 볼 수 있다(백경태, 2019, 200쪽).
6) 프로그래밍된 모든 조건이 충족되면 자동으로 계약을 이행하는 자동화된 시스템

의 양도 및 이용허락, 고아 저작물의 이용, 법정허락의 영역에서 블록체인이 활용될 가능성이 크다. 또한 콘텐츠 제작자가 블록체인을 사용하여 자신의 작품에 대한 통제력을 재확인하고 어려운 기록 보관 프로세스를 진행할 수 있으며, 소유권 등록에도 활용할 수 있어 기존 저작권 등록제도의 대안으로도 떠오르고 있다(김원오, 2020; 백경태, 2019; 정진근, 2018a). 네트워크 시스템이라는 블록체인의 특성이 저작물의 거래와 그에 필요한 양도, 이용허락에서 이점으로 작용할 수 있으며, 블록체인 기술이 제공하는 탈중앙화가 거래의 투명성을 보장하기도 한다. 이렇게 볼 때 블록체인은 아직 실질적 도구로 이용되기에는 한계가 있기는 하지만 저작권 발생과 등록을 확인하고 지속해서 저작권을 관리하는 효율적인 수단이 될 수 있다.

반면에 탈중앙화, 합의에 의한 의사결정구조와 같은 블록체인의 특징은 현행 저작권 제도와 상충되는 측면이 있고 네트워크 확장의 어려움과 익명성이란 특징이 저작권 문제 해결에 장애가 될 수 있어서, 블록체인을 저작권 관리에 활용하기에는 아직 한계가 있다. 먼저, 탈중앙화, 익명성과 같은 블록체인의 특성이 저작권 발생을 위한 등록이나 권리침해를 해결하는 측면에서 한계로 작용할 수도 있다. 한국저작권위원회와 같은 등록기관이나 인증기관이라는 중앙권력이 존재하는 저작권 제도는 저작권 발생에서 탈중앙화와 친하지 않은 제도이다. 그러므로 저작권의 발생, 권리침해에 대한 구제 영역에서는 블록체인과 저작권 제도 간의 정합성이 인정되기 어렵다(정진근, 2018a). 둘째, 블록체인을 활용하여 저작권자와 이용자를 직접 연결할 경우, 현재 저작권자와 이용자 사이에서 활동하는 저작권 관리단체와의 갈등이 예상된다. 블록체인을 통해 저작권을 관리하고 이를 스마트 계약을 통해 중개인 없이 당사자 간에 저작권료를 정산하는 등, 저작권자와 이용자 간에 직접 거래가 가능하므로 신탁관리단체의 존재가 의미 없게 되는 것이다. 셋째, 저작권법상 정당한 권리자임을 증명하는 인증제도[7]와 디

___

이다.

지털 저작권 거래소,8) 저작권 통합관리시스템,9) 저작권 라이선스 관리시스템,10) 음악 로그 정보수집 시스템11)과 같은 시스템이 무의미해진다. 블록체인을 도입하면 별도의 인증 절차 없이 저작권자는 자신이 저작물에 대한 정당한 권리자임을 증명하고 이용허락을 받았음을 증명할 수 있으므로 저작권 인증제도 자체가 의미가 없다. 또 블록체인을 도입할 경우, 개개 저작물이 블록체인을 통한 고유번호를 가지므로 저작권 통합관리시스템과 저작권 라이선스 관리시스템 등이 필요하지 않다(양관석, 2018, 209~211쪽). 블록체인은 저작권 관리 측면에서 여러 이점이 있지만, 이를 실현하는 데 등록제도, 인증제도, 저작권 관리시스템 등 기존 저작권 제도와 충돌되는 측면이 있다는 점에서, 블록체인을 도입할 경우 현행 저작권 체계의 수정

---

7) 제2조 제33호에서는 인증을 "저작물 등의 이용허락 등을 위하여 정당한 권리자임을 증명하는 것을 말한다"고 정의하고 있다. 그리고 제56조에 권리 등의 인증에 관한 조항을 두고 있는데, 문화체육관광부장관이 저작물 등의 거래의 안전과 신뢰보호를 위하여 인증기관을 지정할 수 있으며, 인증기관의 지정과 지정취소 및 인증절차 등에 관하여 필요한 사항은 대통령령으로 정하도록 하고 있다.

8) 저작권법 제120조에서는 TPM 및 RMI에 관한 정책 수립 지원 및 저작권 정보제공을 위한 정보관리 시스템 구축 및 운영 업무의 효율적인 수행을 위해 한국저작권위원회에 저작권정보센터를 두도록 하고 있으며, 저작권법시행령 제66조에서 저작권 정보제공 등을 위한 저작권거래소와 RMI, 저작권 보호 및 유통지원을 위한 기술위원회를 저작권정보센터에 두도록 규정하고 있다. 이에 근거하여 한국저작권위원회는 디지털저작권거래소를 운영하고 있다.

9) 체계적인 저작권 정보수집·제공을 위해 하나의 통합저작권번호(ICN: Integrated Copyright Number)를 부여하여 저작권 정보를 제공하는 시스템이다(오상훈·신동명·김효섭·김영모·최영선, 2017, 16쪽).

10) 저작물 이용에 필요한 저작권 정보를 체계적으로 통합관리하고 권리자와 이용자 간에 보다 편리한 저작물 이용계약체결 및 사용내역 관리를 제공함으로써 저작권 원스톱 서비스를 제공하기 위한 시스템이다(오상훈 외, 2017, 18쪽).

11) 2013년 음원 사용료 정산 방식이 '음원 정액제'에서 '음악 종량제'로 바뀜에 따라 음악 전송사용료 정산의 기초자료로 활용할 수 있는 로그 정보를 수집·제공하는 시스템으로, 공정한 거래질서를 확립하고 투명한 저작권료의 산출을 위해 운영되고 있다(오상훈 외, 2017, 19쪽)

이 요구된다.

그럼에도 불구하고 블록체인 기술의 등장은 창작물에 대한 정당한 대가를 지급할 수 있는 측면에서 기존 시장과 법률체계를 넘어서는 획기적인 발상이다. 아직 블록체인 기술을 도입하여 가시적으로 드러나는 성과를 이룬 사례가 없고, 언론 보도 기사들이 대부분 사업 계획과 주장에 머무르고 있지만, 엔터테인먼트 산업에서는 창작자로서 마땅히 누려야 할 권리를 보완해주는 수단으로 접근하고 있는 것이 특징이다(백경태, 2019, 218쪽). 결국 현행 저작권 제도 내에서 블록체인 기술을 수용하기 위해서는 기술의 활용도를 충분히 검토하고, 필요하다면 저작권 제도의 수정에 관한 논의가 선행되어야 할 것이다.

## 2) NFT와 저작권 쟁점

블록체인을 활용한 NFT는 대체 불가능한 특성을 가져 소유권을 증명하기 쉽고, 위변조를 할 수 없어서 안전 거래가 가능하므로, 사용자는 메타버스에서 현실세계를 확장하여 타인과 자산을 거래할 수 있다(정완, 2022, 161쪽). 디지털 자산의 고유성을 인증하고, 디지털 자산이 희소성이 가질 수 있는 방식으로 활용됨으로써 디지털 창작물의 거래를 활성화하는 것이다. 예를 들어 메타버스 사용자는 NFT를 활용해서 자신의 디지털 창작물을 가지고 수익을 창출할 수 있고, 또 다른 창작활동에 재투자할 수 있다. 또 NFT는 대상 정보에 대한 설명, 이미지 파일, URL 주소, 거래 조건 등을 담고 있으며, 블록체인에 업로드되면 위변조를 할 수 없다. NFT는 메타 정보에 불과한 것이며 대부분 실제 저작물을 확인할 수 있는 URL 링크 주소만 있을 뿐, 대용량의 저작물 파일 자체를 포함하지 않으므로 전송과 보유에 있어 저작물의 복제, 전송 등의 이용행위가 수반 되지 않아, 원칙적으로는 저작권 이슈가 발생하지 않는다(권단, 2021; 이승환·한상열, 2021).

메타버스에서는 NFT를 활용해 자신의 디지털 창작물을 상품화하여 이를 암호 화폐 등으로 대가를 받고 판매할 수 있다. 특정 예술가가 창작한 예술작품을 NFT화하여 판매하는 경우, 그 예술작품의 저작권은 구입자에게 양도되지 않는 한 여전히 저작자인 예술가에게 귀속된다. 그러므로 예술가는 예술작품의 저작권을 자유롭게 처분할 수 있다. 즉, 저작권 귀속과 NFT 귀속은 별개이다(박태신·박진홍, 2023, 179쪽). 이와 같은 저작권자와 NFT 보유자의 관계는 그림과 같은 미술저작물의 저작권자와 유형물인 원본 소유자의 관계와 유사한데, 특별한 약정이 없는 한 저작권자는 원본인 그림을 타인에게 양도하더라도 여전히 저작물인 그림에 대한 저작권을 보유한다. 2021년 6월 김환기, 박수근, 이중섭 작가 등의 작품들을 NFT로 제작하여 온라인 경매를 진행하고자 했는데, 해당 작품의 저작권자들과 사전 협의 없이 진행되어 논란이 되었던 사례가 있다. 미술저작물의 저작권자와 소유권자가 달라서 생긴 문제였다. 이렇게 그림의 원본 매수자는 대가를 지급하고 원본을 구입했더라도 여전히 저작권의 제한을 받는다. 하지만 해당 원본에 대해서는 물권법에 의한 보호를 받으며, 저작권법에서는 미술저작물 등의 전시 또는 복제와 같이 일정한 경우 원본 소유권자에게 저작물 이용권리를 인정하고 있다. 이에 비해 NFT 구입자의 지위는 다소 모호하다. NFT는 데이터에 불과하고 일반적으로 그 데이터 자체는 인간의 사상 또는 감정을 표현한 창작물이라 보기도 어려우므로 저작권의 대상이 될 수 없다 (윤종수·표시영, 2021, 226~227쪽).

한편 일본 저작권법 제63조 제2항에서는 저작물 이용권을 가지는 자는 저작권을 취득한 자 또는 제3자에게 이용권을 주장할 수 있도록 규정하고 있는데, 이를 독점적 이용허락 대항제도라고 부른다. 이 조항에 따라 예술가가 NFT를 판매한 후에 예술작품 저작권을 제3자에게 양도한 경우, 양도받는 자가 NFT 보유자에게 이용금지를 요구하더라도 보유자는 저작물을 이용할 수 있다(권용수, 2018; 박태신·박진홍, 2023). 일종의 저작권자의 저작물 이용허락권을 제한하는 기능을 하는 것인데, 저작권자와 저작물 이용자의 이익 균형을 도모할 수 있는 제도라고 볼 수 있다. 국내 저작권법에서도 이러한 대항제도의 도입을 검토하여 입법적으로 보완할 필요가 있을 것이다.

NFT 활용이 활성화되면서 저작권법적인 위험요인도 존재한다. 블록체인을 기반으로 하는 속성상, 기존의 디지털콘텐츠 거래에서 예상하지 못했던 새로운 저작권 문제를 내포하고 있다. 마치 발명자가 아닌 사람이 다른 사람이 발명한 것을 가지고 재빠르게 특허 등록을 한 뒤 특허권을 주장하듯이, 창작자가 아닌 다른 사람이 창작물을 먼저 NFT로 등록하여 소유권을 주장하거나 패러디 등 2차적저작물의 NFT 소유권이 원저작물의 저작권을 침해할 우려가 있는 등, 메타버스와 결합하여 NFT 활용이 활성화되면 저작권 침해 등의 요인이 존재한다(박경신, 2021; 이승환·한상열, 2021).

이에 NFT 거래에서 판매자와 구매자들은 저작권과 관련해서 기본적으로 주의할 사항들이 있다. 먼저 판매자는 저작권 보호를 받는 다른 사람의 콘텐츠를 민팅하여 NFT 거래소에 올릴 때, 콘텐츠 저작권을 양도받거나 이용허락을 받아야 한다. 만약 그렇게 하지 않으면 민팅 과정에서 복제권 침해, 거래소에 올리는 과정에서 전송권 침해가 될 수 있고, 다른 사람의 저작물을 그대로 가져다 NFT로 제작하거나 똑같은 콘텐츠를 만들어 NFT로 제작할 경우 2차적저작물작성권을 침해한 것이 된다. 또 누구나 NFT를 발행할 수 있고 저작권 보호기간이 만료된 NFT를 판매할 수도 있기 때문에, 구매자는 기본적으로 판매자가 NFT 콘텐츠의 적법한 권리자인지를 확인해야 한다. 그리고 구매하더라도 NFT 콘텐츠 저작권이 아니라 소유권을 취득한다는 점을 명확히 해 둘 필요가 있다. NFT 거래는 콘텐츠 자체의 거래가 아니라 콘텐츠를 증명하는 메타데이터 기록을 거래하는 것이어서, 원칙적으로 저작권 양도 거래가 아니라 소유권 양도 거래이기 때문이다. 예를들어 디지털 아트로 된 NFT 구매자는 그 NFT 콘텐츠를 자유롭게 감상하거나 재판매까지는 할 수 있지만, 그것을 복제하거나 공중 앞에서 상영하거나 자신의 블로그에 배경 화면으로 사용할 수 없다. 그러므로 NFT를 단순히 소장만 할 목적이면 문제가 되지 않지만, '이용'할 목적이라면 NFT 거래 계약과는 별도로 저작권 양도나 이용허락 계약을 체결해야 한다. 이에 따라 NFT 거래소의 역할도 상당히 중요한데, 사용조건을 통해 거래 당사자들 사이의 권리관계를 명확히 해주고 거래소와 플랫폼 이용자의 책임의 한계를 명확히 해 주어야 한다(오승종·김연수, 2022).

이상 살펴본 바와 같이 NFT 거래에서는 NFT 콘텐츠의 저작권과 소유권이 구별된다. 즉 NFT 거래를 통해 디지털콘텐츠의 저작권자와 NFT 보유자가 분리되는 현상이 발생하므로, 무엇보다도 구매한 NFT 콘텐츠에 대한 저작권이 대개는 콘텐츠 창작자에게 남아있다는 점에 유의하면서 저작권 문제에 대응할 필요가 있다. 앞으로 메타버스에서 수많은 가상자산이 생산됨에 따라, 디지털콘텐츠에 고유한 식별자를 부여하는 디지털 자산인 NFT와의 결합이 증가할 전망이다. 이와 같은 결합이 저작권 측면에서 제기하는 새로운 과제와 관련하여 법 제도적 대응이 요구되는 시점이다. 메타버스 환경의 특수성에 기반하여 기존의 저작권 제도가 놓치고 있거나 차별화해야 할 판단기준이나 해법을 모색하는 방식으로 접근할 필요가 있다.

- 강현호 · 한승준 · 최서윤 · 박송기(2022). 메타버스 내 상표침해책임에 관한 연구. 『지식재산연구』, 제17권 제2호, 75~126.
- 고선영 · 정한균 · 김종인 · 신용태(2021). 메타버스의 개념과 발전 방향. 『한국 정보처리학회지』, 제28권 제1호, 7~16.
- 고윤화(2022). Metaverse and Music: 음악 콘텐츠와 메타버스 플랫폼의 만남. 『방송과 미디어』, 제27권 제1호, 49~58.
- 권단(2021). 메타버스, NFT와 저작권-사례로 풀어보는 캐릭터 저작권. 『아이러브캐릭터』, 2021. 8. 24. 자 칼럼. <http://www.ilovecharacter.com/news>.
- 권오상(2021). 『메타버스 산업 관련 해외 규제동향 조사분석』. 세종: 한국법제연구원.
- 권용수(2018). 저작물 이용 허락에 관계된 권리의 대항제도 도입 검토. 『저작권 동향』, 제14호, 4~6.
- 김경숙(2020). "저작물의 부수적 이용"에 관한 신설 조항의 검토. 『IT와 법연구』, 제20호, 1~38.
- 김광집(2021). 메타버스 사례를 통해 알아보는 현실과 가상세계의 진화. 『방송과 미디어』, 제26권 제3호, 206~215.
- 김도경(2022). 메타버스 플랫폼에서 저작권 보호에 관한 소고. 『영남법학』, 제55호, 205~244.
- 김병일(2021). 5G 보편화에 따른 가상 · 증강 현실 관련 저작권 이슈. 『문화 · 미디어 · 엔터테인먼트법』, 제15권 제1호, 3~29.
- 김상균 · 신병호(2021). 『메타버스 새로운 기회』. 서울: 베가북스.

- 김승래·이윤환(2021). 메타버스 기반의 인문학 콘텐츠 활용과 법적 보호방안. 『법학연구』, 제21권 제4호, 49~78.
- 김승래·이창성(2018). 인공지능(AI)의 창작물에 대한 지식재산권 보호방안-특허권과 저작권보호를 중심으로. 『법학연구』, 제18권 제3호, 485~531.
- 김연수(2020). 파노라마의 자유의 운용과 개정 방안에 대한 고찰. 『계간 저작권』, 제33권 제4호, 5~57.
- 김영림(2014). 미술저작자 사후 추급권 귀속의 인적범위. 『국제법무』, 제6집 제2호, 129~156.
- 김원호(2020). 블록체인 기술과 저작권 제도 간의 접점. 『산업재산권』, 제63호, 45~86.
- 김인철(2016). 골프장코스의 저작물성에 대한 소고. 『글로벌문화콘텐츠학회 학술대회자료집』, 363~368.
- 김지민(2022). 인공지능 창작물의 저작권 관련 주요 쟁점. 『이슈와 논점』, 제2042호, 국회입법조사처.
- 김지영·김인철(2018). 파노라마의 자유와 전시권. 『글로벌문화콘텐츠학회 학술대회자료집』, 2018(4), 121~124.
- 김한철·권오병·조미점·박희철·이석민·이정선(2008). FDM을 활용한 차세대 u-Biz로서의 Meta-Biz로서의 Meta-Biz 주요 유형 선정. 『2008년 한국경영정보학회 춘계학술대회자료집』, 71~78.
- 김현숙·김창균(2021). 온라인 실시간 콘서트의 저작권법적 성격 및 음악사용료에 대한 연구. 『경영법률』, 제31권 제4호, 433~462.
- 류철균·안진경(2007). 가상세계의 디지털 스토리텔링 연구-<세컨드라이프>와 MMORG의 비교를 중심으로. 『게임산업저널』, 통권 제16호, 30~47.
- 문건영(2019). 미술저작물 등의 부수적 이용에 관한 연구 -대법원 2014. 8. 26. 선고 2012도10786 판결(Be the Reds 사건)을 중심으로. 『계간 저작권』, 제32권 제1호, 129~168.

- 문승혁(2022). 메타버스의 발전과 적용이 산업과 사회에 미치는 영향. The Journal of the Convergence on Culture Technology, Vol. 8, No. 3, 515~520.
- 민문호(2021). 콘텐츠 산업의 새로운 도전, 메타버스. 『저작권 문화』, 제323호, 4~5.
- 박경신(2021). NFT 아트를 둘러싼 저작권 쟁점들에 대한 검토. 『계간 저작권』, 제34권 제3호, 5~43.
- 박대민·유경한·강지안(2023). 미디어 블록체인 비즈니스 모델의 설계 4원칙: 언론사 사례 분석을 바탕으로. 『한국언론학보』, 제67권 제1호, 41~84쪽.
- 박소연·문예은(2021). 『신규 저작권 침해 유형 및 이슈－메타버스(Metaverse) 와 저작권』. 한국저작권보호원 이슈보고서.
- 박영민·오시아(2021). NFT와 블록체인 기술로 인한 저작권법 관련 변화가능 성에 대한 고찰－미술저작물과 유튜브 속 영상저작물을 중심으로. 『중소기업 과 법』, 제13권 제1호, 75~101.
- 박유선(2017). 증강현실에서의 빅데이터와 저작권 침해에 관한 연구. 『계간 저 작권』, 제30권 제2호, 109~137.
- 박재원·유현우(2016). 가상현실에 있어서의 공정이용 법리에 대한 저작권법 연구. 『법학논총』, 제40권 제4호, 187~224.
- 박태신·박진홍(2023). 메타버스에 있어서 법률적 쟁점에 관한 시론적 연구. 『홍익법학』, 제24권 제1호, 163~187.
- 박형옥(2022). 메타버스에서 패션디자인의 저작권 보호 연구－제페토(ZEPETO) 아바타의 가상패션을 중심으로－. 『경영법률』, 제33집 제1호, 255~295.
- 백경태(2019). 블록체인 기술이 엔터테인먼트 산업에 미치는 영향에 대한 소고 －저작권 분야에 대한 논의를 중심으로－. 『계간 저작권』, 제32권 제4호, 195~223.
- 백경태(2023). 골프코스에도 저작권이 있다? 스크린과 필드의 저작권 분쟁. 『저

작권 문화』, 통권 제342호, 20~21.

- 서성은(2008). 메타버스 개발동향 및 발전전망 연구. 『한국컴퓨터게임학회논문지』, 제12호, 15~23.

- 성선제(2004). 캐릭터 저작권 위해 '널리널리 알려라'. 『디지틸콘텐츠』, 제11권 제138호, 85~89.

- 성지영(2021). 메타버스(Metaverse)?. 『Industry Watch』, 2021년 7월, 1~15.

- 손강민·이범렬·심광현·양광호(2006). 웹2.0과 온라인게임이 만드는 매트릭스 월드 메타버스(metaverse). 『ETRI CEO Information』, 제47호, 1~26.

- 송선미(2022). 메타버스에서의 저작권 쟁점 — 온라인서비스제공자의 책임 제한 — 『저작권이슈리포트』, 2022 – 05, 1~10.

- 손승우(2010). 가상세계에 대한 저작권법의 새로운 접근. 『국제거래법연구』, 제19집 제2호, 247~262.

- 손승우(2016). 인공지능 창작물의 저작권 보호. 『정보법학』, 제20권 제3호, 83~110.

- 손승우(2021). 메타버스가 견인하는 저작권 쟁점. 『저작권 문화』, 제323호, 6~7.

- 송원철·정동훈(2021). 메타버스 해석과 합리적 개념화. 『정보화정책』, 제28권 제3호, 3~22.

- 양관석(2018). 『인공지능의 빅데이터 활용을 위한 법적 연구 — 저작물과 개인정보를 포함한 빅데이터를 중심으로 —』. 단국대학교 대학원 법학과 박사학위논문.

- 어수진(2022). 『게임을 통한 메타버스 속 사회 심리적 특성연구』. 한국콘텐츠진흥원 보고서.

- 오상훈·신동명·김효섭·김영모·최영선(2017). 『블록체인 기술을 활용한 저작권 신서비스 모델 연구』. 한국저작권위원회 저작권 정책연구 2017 – 06.

- 오승종·이해완(2006). 『저작권법』(제4판). 서울: 박영사.

- 오승종(2020). 『저작권법 강의』(제3판). 서울: 박영사.
- 오승종·김연수(2022). 『된다! NFT 메타버스 저작권 문제 해결』. 서울: 이지스 퍼블리싱.
- 오연주(2021). 메타버스가 다시 오고 있다 — 메타버스를 둘러싼 기술적 경제적 사회적 기회와 현안. 『한국지능정보사회진흥원 스페셜리포트』, 2021 – 3.
- 유지혜(2014). 사진에 타인의 저작물이 포함된 경우 저작권 침해 여부와 부수적 이용의 의미: 대법원 2014. 8. 26. 선고 2012도10786판결을 중심으로. 『지식재산정책』, 제21호, 138~149.
- 유홍식(2022). 메타버스의 특성 탐색과 유형의 재범주화, 커뮤니케이션 연구에의 적용 가능성 탐색. 『커뮤니케이션 이론』, 제18권 제4호, 147~198.
- 윤기영(2021). 올 한 해의 메타버스 기술적 변화가 무엇인가? 향후 과제는?. 『포커스』, 12월호, 48~49. < https://spri.kr/posts/view/23352?code = data_all& study_type = &board_type = industry_trend >.
- 윤종수(2020). 사물인터넷, 블록체인, 인공지능의 상호운용에 있어서 개인정보자기결정권의 실현 및 데이터 이용 활성화. 『정보법학』, 제24권 제3호, 107~148.
- 윤종수·표시영(2021). 디지털 저작물의 NFT가 갖는 함의와 법적 보호. 『법조』, 제70권 제6호, 211~244.
- 이규호(2010). 『저작권법: 사례·해설』. 서울: 진원사.
- 이기호·배성한(2013). 증강현실의 공간적 개념에 관한 연구. 『예술과 미디어』, 제12권 제4호, 213~232.
- 이덕우(2022). 메타버스 기술 및 산업 동향. 『주간기술동향』, 2022. 4. 6., 2~15.
- 이상준·김태순·이해경·박상현(2022). 메타버스의 발전방향과 활성화를 위한 6대 이슈 연구. 『韓國IT서비스學會誌』, 제21권 제1호, 41~59.
- 이승환·한상열(2021). 메타버스 비긴즈(BEGINS): 5대 이슈와 전망. 『ISSUE REPORT』 1, 1~26.

- 이승환(2021). 『메타버스 비긴즈: 인간×공간×시간의 혁명』. 서울: 굿모닝미디어.
- 이정훈(2023). 메타버스 관련 법률안과 게임법의 관계. 『홍익법학』, 제24권 제1호, 1~32.
- 이주연(2022). 메타버스 환경에서 발생한 국제 저작권 분쟁과 그 해결방안에 대한 연구. 『국제사법연구』, 제28권 제2호, 259~299.
- 이준복(2021). 미래세대를 위한 메타버스(Metaverse)의 실효성과 법적 쟁점에 관한 논의. 『홍익법학』, 제22권 제3호, 49~82.
- 이철남(2021). 메타버스와 저작권 쟁점에 관한 연구-디지털 트윈의 공간정보에 대한 분석을 중심으로-. 『경영법률』, 제31권 제4호, 463~493.
- 이철남(2023). 제페토 등 새로운 플랫폼의 저작권 쟁점에 관한 연구. 『저스티스』, 통권 제194-3호, 54~76.
- 이해완(2019). 『저작권법』(제4판). 서울: 박영사.
- 이현정(2021). AI가 적용될 메타버스 시대를 위한 확장된 공감의 역할. 『한국콘텐츠학회논문지』, 제21권 제11호, 87~99.
- 이혜영(2022). 메타버스 시대의 법적 쟁점. 『방송통신심의동향』, 통권 제23호, 86~97.
- 임원선(2020)(제6판). 『실무자를 위한 저작권법』. 저작권위원회.
- 임종욱(2021). 메타버스 시대, NFT 아이템의 도입에 따른 게임산업법의 쟁점 및 정책적 고려사항에 관한 연구. 『홍익법학』, 제22권 제3호, 83~103.
- 장수연·김용희(2022). 메타버스의 법적 쟁점에 관한 연구. 『한국컴퓨터정보학회 동계학술대회 논문집』, 제30권 제2호, 175~176.
- 전민주(2021). 메타버스의 현재와 미래. 『한국엔터테인먼트산업학회지』, 제13권 제1호, 21~25.
- 전우정(2022). 메타버스 속에서의 상표 및 저작권 보호. 『정보법학』, 제26권 제3호, 105~151.

- 전준현(2021). 메타버스 구성 원리에 대한 연구: 로블록스를 중심으로. 『영상문화』, 제38호, 257~279.
- 정연덕(2008). 가상현실에서의 플랫폼과 이용자에 대한 현실 법의 적용. 『정보법학』, 제12권 제1호, 1~24.
- 정완(2022). 메타버스의 법적 이슈에 관한 고찰. 『경희법학』, 제57권 제1호, 143~170.
- 정원준(2021). 메타버스(Metaverse)와 저작권법적 쟁점. 『C Story』, 제29권, 4~9. <https://blog.naver.com/kcopastory/222520658012>.
- 정정원(2016). 인공지능의 발달에 따른 형법적 논의, 『과학기술과 법』, 제7권 제2호, 189~212.
- 정준화(2021). 메타버스(metaverse)의 현황과 향후 과제. 『이슈와 논점』, 제1858호.
- 정지은·손나연·김현정(2022). 메타버스를 활용한 문화콘텐츠 사례 연구. 『문화산업연구』, 제22권 제1호, 201~213.
- 정진근(2016). 에세이: 제4차 산업혁명과 지식재산권법학의 미래. 『성균관법학』, 제28권 제3호, 157~183.
- 정진근(2018a). 블록체인(Block-chain): 저작권 제도에서의 활용가능성과 한계에 대한 소고. 『계간 저작권』, 제31권 제4호, 5~38.
- 정진근(2018b). 가상현실과 증강현실의 저작권법 관련 쟁점에 관한 연구. 『강원법학』, 제55호, 133~166.
- 정진근(2022). 메타버스에서의 건축저작물 관련 저작권 쟁점과 해석론. 『계간 저작권』, 제35권 제4호, 97~130.
- 조연하·유수정(2011). 저작물 성립 요건으로서의 창작성의 개념과 판단기준: 국내 판결논리를 중심으로, 『방송과 커뮤니케이션』, 제12권 제4호, 111~145.
- 조연하(2018). 『미디어 저작권』. 서울: 박영사.
- 조연하(2022). 인공지능의 콘텐츠 창작에서 저작물 이용의 법적 쟁점에 관한

고찰. 『사이버커뮤니케이션학보』, 통권 제39권 제2호, 83~133.

- 조연하(2023). 『인공지능 창작과 저작권』. 서울: 박영사.

- 채다희 · 이승희 · 송진 · 이양환(2021). 메타버스와 콘텐츠. 『KOCCA focus』, 통권 134호.

- 최경진 · 이병준 · 손승우 · 성준호 · 이정현 · 김도승 · 정연희 · 방소진(2010). 『가상세계산업 관련법 개정 및 진흥법 제정방안 연구』. 한국콘텐츠진흥원.

- 최중락(2021). 메타버스 플랫폼 내 경제활동의 지식재산권 쟁점에 관한 고찰. 『문화 · 미디어 · 엔터테인먼트법』, 제15권 제2호, 119~153.

- 최진원(2008). 미술저작물의 전시와 파노라마의 자유-오크 라운지 사건(서울중앙지방법원 2007. 5. 17. 선고 2006가합104292 판결)을 중심으로-. 『정보법학』, 제12권 제1호, 1~24.

- 한상열(2021). 메타버스 플랫폼 현황과 전망. 『Future Horizon』, 제49권, 19~24.

- 한상열 · 곽나영 · 이승환(2022). 『주요국 메타버스 정책현황과 시사점』. 소프트웨어정책연구소 Issue Report.

- 한혜원(2008). 메타버스 내 가상세계의 유형 및 발전방향 연구. 『한국디지털콘텐츠학회 논문지』, 제9권 제2호, 317~323.

- 황정식 · 김현곤(2019). 창의적인 아이디어를 등록할 수 있는 블록체인 기반의 저작권 관리시스템. Journal of Internet Computing and Services, 제20권 제5호, 57~65.

- Beausolei, L. E. (2017). Copyright Issues and Implications of Emerging Virtual Reality Technologies. *Boston College Intellectual Property & Technology Forum* December 20, 1~13.

- Cantley, B. & Dietrich, G.(2022). The Metaverse: A Virtual World with Real World Legal Consequences. 49 *Rutgers Computer & Technology Law Journal*, 1~25.

―Castronova, E. (2004). The right to play. 49 *New York Law School Law Review*, 185~210.

―Goossens, S., Morgan, C., Kuru, C., Ji, F. & Cespedes, DJ(2021). Protecting Intellectual Property in the Metaverse. 33, *Intellectual Property & Techonolgy Law Jouranl*, 11~16.

―Hackl, C. (2020). The Metaverse Is Coming And It's A Very Big Deal. *Forbes*, <https://www.forbes.com/sites/cathyhackl/2020/07/05/the―metaverse―is―c oming―its―a―very―big―deal/?sh=4c000227440f>.

―Hristov, K.(2017). Artificial Intelligence and the Copyright Dilemma, 57 IEDA: *J. Franklin Pierce for Intellectual Property*, 431~454.

―Hua, J. J.(2013). Toward A More Balanced Model: The Revision of Anti―Circumvention Rules. 60 *Journal of the Copyright Society of the U.S.A.*, 327~363.

―Insei, A.(2006). The theory of De Minimis and a Proposal for its Application in Copyright. 21 *Berkeley Technology Law Journal*, 945~995.

―Karniel, Y. & Bates, S.(2010). Copyright in Second Life. 20 *Albany Law Journal of Science and Technology*, 433~456.

―LaFrance, M.(2020). Public Art, Public Space, and the Panorama Right. 55 *Wake Forest Law Review*, 597~647.

―Milgram, P. & Kishino, F. (1994). A Taxonomy of Mixed Reality Visual Displays. *IEICE Transactions on Information Systems*, Vol E77―D, No. 12.

―Nanobashvili, L. (2022). If the Metaverse is built, will copyright challenges come?. 21 *UIC Review of Intellectual Property Law*, 215~251.

―Smart, J. M., Cascio, J., & Paffendorf, J. (2007). Metaverse Roadmap Overview. <https://www.metaverseroadmap.org/overview>.

—Zavian, E. M. & Wain, N.(2022). Welcome to the Metaverse—And the Virtual Pitfalls that Await. 6/27/2022 ACC Docket, 1~14. <https://docket. acc.com/welcome—metaverse—and—virtual—pitfalls—await>.

## 저자약력

**조연하**

이화여자대학교 영어영문학과와 대학원 신문방송학과(언론학박사)를 졸업하였다. 이화여대에서 커뮤니케이션미디어연구소 연구교수와 정책과학대학원 초빙교수를 역임하였으며, 현재 이화여대 커뮤니케이션·미디어연구소 책임연구위원, 미디어미래연구소 객원 연구위원이다. 미디어법과 정책, 미디어 저작권이 주 연구 분야이며, PVR(Personal Video Recorder)을 이용한 방송저작물 녹화의 법적 성격(2006), 디지털 미디어 저작권 판례에서의 변형적 이용기준의 적용(2010), 저작물 성립요건으로서의 창작성의 개념과 판단기준(2011), 미디어 콘텐츠의 시간·공간이용의 법적 성격(2014), 교육 목적의 저작물 이용의 공정이용 판단요소(2016), 방송보도의 객관성 심의결정 논리 연구(2019), 인공지능 창작물의 저작권 쟁점(2020), 인공지능의 콘텐츠 창작에서 저작물 이용의 법적 쟁점에 관한 고찰(2022), AI 창작물과 저작인격권에 관한 탐색적 연구(2023) 등 40여 편의 연구논문을 발표하였다. 주요 저서로는 공저인 『미디어와 법(2017)』 등이 있고, 단독저서 『미디어와 저작권(2018)』, 『인공지능 창작과 저작권(2023)』이 있다. 『미디어와 저작권』은 제17회 철우언론법상(2018)과 학술연구지원사업 교육부 우수성과 부총리 겸 교육부장관상(2019)을 수상한 바 있다.

# 메타버스와 저작권

| | |
|---|---|
| 초판발행 | 2023년 8월 25일 |
| 지은이 | 조연하 |
| 펴낸이 | 안종만 · 안상준 |
| 편 집 | 윤혜경 |
| 기획/마케팅 | 손준호 |
| 표지디자인 | 이솔비 |
| 제 작 | 고철민 · 조영환 |

펴낸곳　　　(주)**박영사**
서울특별시 금천구 가산디지털2로 53, 210호(가산동, 한라시그마밸리)
등록 1959. 3. 11. 제300-1959-1호(倫)

| | |
|---|---|
| 전 화 | 02)733-6771 |
| f a x | 02)736-4818 |
| e-mail | pys@pybook.co.kr |
| homepage | www.pybook.co.kr |
| ISBN | 979-11-303-4499-7　93360 |

* 파본은 구입하신 곳에서 교환해 드립니다. 본서의 무단복제행위를 금합니다.

정 가　　　12,000원